Descubra Juegos Gratis Online

Disponibles Aquí:

BestActivityBooks.com/FREEGAMES

5 CONSEJOS PARA EMPEZAR

1) CÓMO RESOLVER LAS SOPA DE LETRAS

Los rompecabezas tienen un formato clásico:

- Las palabras se ocultan sin espacios ni guiones,...
- Orientación: Las palabras pueden escribirse hacia delante, hacia atrás, hacia arriba, hacia abajo o en diagonal (pueden estar invertidas).
- Las palabras pueden superponerse o cruzarse.

2) APRENDIZAJE ACTIVO

Junto a cada palabra hay un espacio para anotar la traducción. Para fomentar un aprendizaje activo, un **DICCIONARIO** al final de esta edición te permitirá comprobar y ampliar tus conocimientos. Busca y anota las traducciones, encuéntralas en el puzzle y añádelas a tu vocabulario!

3) MARCAR LAS PALABRAS

Puedes inventar tu propio sistema de marcado. ¿Quizás ya usas uno? También puedes, por ejemplo, marcar las palabras difíciles de encontrar con una cruz, las que te gustan con una estrella, las nuevas con un triángulo, las raras con un diamante, etc.

4) ESTRUCTURAR EL APRENDIZAJE

Esta edición ofrece un **CUADERNO DE NOTAS** muy práctico al final del libro. En vacaciones, de viaje o en casa, podrás organizar fácilmente tus nuevos conocimientos sin necesidad de un segundo cuaderno!

5) ¿HABÉIS TERMINADO TODAS LAS PARRILLAS?

En las últimas páginas de este libro, en la sección **DESAFÍO FINAL**, encontrarás un juego gratis!

¡Rápido y sencillo! Echa un vistazo a nuestra colección de libros de actividades para tu próximo momento de diversión y aprendizaje, ¡a sólo un clic de distancia!

Encuentre su próximo reto en:

BestActivityBooks.com/MiProximoLibro

En sus marcas, listos, ¡Ya!

¿Sabías que hay unas 7.000 lenguas diferentes en el mundo? Las palabras son preciosas.

Nos encantan los idiomas y hemos trabajado duro para crear libros de la más alta calidad para tí. ¿Nuestros ingredientes?

Una selección de temas adecuados para el aprendizaje, tres buenas porciones de entretenimiento, y luego añadimos una cucharada de palabras difíciles y una pizca de palabras raras. Los servimos con cariño y máxima diversión para que puedas resolver los mejores juegos de palabras y te diviertas aprendiendo!

Tu opinión es esencial. Puedes participar activamente en el éxito de este libro dejándonos un comentario. Nos encantaría saber qué es lo que más le ha gustado de esta edición.

Aquí hay un enlace rápido a tu página de pedidos:

BestBooksActivity.com/Opiniones50

Gracias por tu ayuda y diviértete!

Todo el equipo

1 - Ajedrez

```
S X M W C Y S S R B Q X C I F K
H W L Y E R E X D O Z D I D Q S
L A X V R F O R T I S S I M U S
G Q M U T N E M A E N R O T P U
C Y K W A T C N U P F A H L A I
S O U F M U R G I N B L S P S D
R A N F E Z C D I N R S R M U U
S Z C S N Y R Z A S M G Y A I L
R P I R I P R A E C E P T A R O
E E R H I L R I R A L B U S A I
T U G B M F I R E T E M P U S D
E U Q I C O I O C X G A D I R U
M V H V N H F C S U N X P X E L
A V I S S A P D I W G G S E V J
I F I J R B M U D U L H Y I D Q
D L F C S N O X U R M D J V A H
```

DISCERE
ALBUS
FORTISSIMUS
CERTAMEN
DIAMETER
CONSILIO
LUDUM
LUDIO LUDIUS
NIGRUM

ADVERSARIUS
PASSIVA
PUNCTA
PRAECEPTA
REGINA
REX
SACRIFICIUM
TEMPUS
TORNEAMENTUM

2 - Agua

```
Q B B Y F H B V V Q Q W T F P O
P R V X E M M W X C S V D J L C
I Z F O I T A R O P A V E H U E
O R F O Z B S Z D R T N J T V A
D N R D B S F I P O I U A S I N
V I I I N O D M M C D Y G L A U
B L L M G I X B W E I L E C I M
C E W U H A Y E R L M A Y E U S
J Q S H V Y T R F L U C S T Z U
N D M D O I D I N A H U E E E T
F L U M E N U U O E J S R S Q C
G V L Y X W S M U N C S G I X U
B U E V A P O R L L E G A A G L
P U G R D S O X P O I S N G M F
G G D R I N K A B L E H I R J R
E Q W U Q J K M G F Y L X J Z N
```

CANALIS
IMBER
EVAPORATIO
GEYSER
GELU
ICE
HUMIDITAS
PROCELLAE
HUMIDO
DILUVIUM

LACUS
PLUVIA
ETESIA
NIX
OCEANUM
FLUCTUS
DRINKABLE
IRRIGATIONES
FLUMEN
VAPOR

3 - Arqueología

```
A  V  O  Y  R  F  N  B  Y  I  E  T  F  L  B  M
S  N  F  G  K  D  P  G  J  C  A  L  O  I  Q  O
S  U  T  I  L  B  O  C  P  D  T  V  S  G  L  N
O  G  O  I  T  A  M  I  T  S  E  A  S  N  C  U
N  M  R  K  Q  I  T  D  D  T  W  T  I  O  R  M
C  U  L  T  U  U  Q  L  X  O  E  C  L  T  A  E
P  I  K  P  V  Q  I  X  V  E  L  M  E  U  X  N
R  R  Z  W  O  I  Q  T  K  Y  S  O  P  M  O  T
O  E  L  J  B  L  V  S  A  F  B  C  R  L  Y  U
F  T  U  O  I  E  P  C  K  T  H  M  I  X  U  M
E  S  R  M  E  R  O  T  I  S  I  U  Q  N  I  M
S  Y  S  V  C  H  Z  J  E  A  Z  S  I  N  N  A
S  M  X  C  T  H  P  E  R  I  T  U  S  P  A  S
O  M  X  X  A  F  R  A  G  M  E  N  T  A  M  A
R  T  W  A  N  A  L  Y  S  I  S  L  W  B  A  U
S  U  C  C  E  S  S  I  O  R  G  V  M  K  F  W
```

ANALYSIS	FRAGMENTA
ANTIQUITATIS	OSSA
ANNIS	INQUISITOREM
CULTU	MYSTERIUM
SUCCESSIO	OBIECTA
IGNOTUM	OBLITUS
DOLOR	PROFESSOR
AESTIMATIO	RELIQUIA
PERITUS	TEMPLUM
FOSSILE	MONUMENTUM

4 - Granja #2

```
T X Z W G S D D L L A M A W I V
V E G E T A B I L I S J N I R Z
A E F T R D U U C R K Z K N R A
H N S P W I H Q Z J Y P M D I G
H W F B W S U T C U R F G M G R
H O R R E U M M A T U R A I A I
O I O G F N D O I C A L H L T C
F R T Y O G D J I Z I L I L I O
F M C A B A B W R A H B Y G O L
J I A H T R I T I C U M U P N A
O K R L A E C P J C G J C M E A
M V T U L R P R D H A X P C S N
L I E U B O D A H O R D E U M A
J O E S F M U T N E M U R F T T
R D G Q M P R I D T I S P W L I
A N I M A L I A K L H H Q G N S
```

AGRICOLA	MATURA
ANIMALIA	FRUMENTUM
HORDEUM	WINDMILL
CIBUM	OVES
AGNUS	ANATIS
FRUCTUS	PRATI
HORREUM	IRRIGATIONES
ORCHARD	TRACTOR
LAC	TRITICUM
LLAMA	VEGETABILIS

5 - Pesca

```
X P H P G F Y V F V C H A M O O
R A A M A X I L L A A E C K L C
J Q R T F M V S F I N N S N G E
T U I F I N A P W O I B E W M A
C A W B B E N C V C S U C A L N
A F V F D M N Z G O T N H H A U
G P T L K U Q T N J R H H A N M
B K P W L L Z G I M U T U B A T
C Q O A A F U D F A M G U Z U E
N O C U R B R A N C H I A S G M
O I Q J C A N R M Y K S A N E P
Y S K U Q K T P O N D U S D N O
C M Z R E Y Y U L O I D R W D R
F I L U M S U G E L H X N Y O U
S I Q D T U I G B E A C H D M M
O Y J H M Q P W R W B R T F K Q
```

AQUA
NAVI
BRANCHIAS
FILUM
ESCA
CANISTRUM
COQUES
APPARATU
AUGENDO

HAMO
LACUS
MAXILLA
OCEANUM
PATIENTIA
PONDUS
BEACH
FLUMEN
TEMPORUM

6 - Aviones

```
R H C K S L U Y D H F W N R P L
A E R A C S E M U I L I S N O C
V E Z M E N D S Y S I R E A R Q
F E D H K L O K W T Y D N R T C
E N R F B F U N X O D N O J U A
R I T S E A K M R R E M I O M N
O G K W U O C M W I U K T R D T
C N V A Z S A C V A P A C Z G A
I E I V N J S A L T I T U D O V
A P N W D U U J J T E I R R B I
M Z Z Z Q S S E E T G J T I A T
G U B E R N A T O R D H S X L H
X Z K V S Q S U M A L F N I L X
C O N S E C T E T U E R O B O N
B N N A V I G A R E M A C B O M
T R A N S E U N T E H E J Q N T
```

AER	BALLOON
ALTITUDO	CONSECTETUER
PORTUM	HISTORIA
AERIS	INFLAMUS
CASUS	ENGINE
CAELUM	NAVIGARE
ESCA	TRANSEUNTE
CONSTRUCTIONE	GUBERNATOR
VERSUS	CANTAVIT
CONSILIUM	FEROCIAM

7 - Tipos de Cabello

```
S  M  L  W  N  Z  H  U  S  L  M  Q  N  W  S  D
F  L  X  M  Z  I  C  Z  O  T  Q  N  H  K  I  S
B  X  G  I  K  M  R  B  I  J  N  Y  Z  G  C  N
P  Y  Z  G  S  S  P  Z  A  V  I  A  I  M  C  T
J  Q  S  A  N  U  S  U  P  S  I  R  C  D  U  Z
D  I  U  A  F  A  D  G  T  R  E  G  S  D  M  D
K  P  M  U  R  G  I  N  D  I  H  D  V  O  U  Q
X  R  H  V  X  G  B  W  Z  B  U  Z  O  Y  T  H
L  H  I  G  J  W  E  F  B  L  R  A  V  Z  A  E
D  S  I  N  N  I  C  N  I  C  U  O  T  A  R  V
T  E  F  H  V  Z  X  S  T  S  Q  N  W  E  O  M
O  B  N  T  E  N  U  I  S  U  B  L  A  N  L  O
R  F  O  I  R  F  S  V  N  R  M  K  S  R  O  L
T  I  Z  J  Q  V  B  A  M  C  Z  P  R  B  C  L
I  V  H  R  S  U  V  L  A  C  J  Z  X  O  Q  I
S  S  H  P  Q  B  E  F  C  R  A  S  S  U  S  S
```

ALBUS	NIGRUM
CRUS	ARGENTUM
CALVUS	CRISPUS
COLORATUM	CINCINNIS
DENIQUE	FLAVIS
TENUIS	SANUS
GRAY	SICCUM
CRASSUS	MOLLIS
DIU	TORTIS
BROWN	

8 - Ética

```
E  L  P  I  H  B  N  N  A  N  J  T  K  V  A  I
U  P  K  N  O  J  S  D  K  G  C  O  J  Z  A  S
R  U  M  T  N  J  L  S  N  E  J  L  X  Q  W  P
E  P  S  E  E  Z  O  I  T  A  R  E  P  O  O  C
A  M  P  G  S  F  A  T  I  C  E  R  X  R  J  S
L  I  A  R  T  H  T  A  C  I  L  A  B  O  V  A
I  S  T  I  A  M  E  T  A  T  I  N  G  I  D  P
S  E  I  T  T  H  Q  I  T  A  B  T  F  T  F  I
M  R  E  A  I  R  P  N  A  M  A  I  L  N  N  E
U  I  N  T  S  D  Q  A  O  O  N  A  W  E  V  N
S  C  T  E  D  G  S  M  X  L  O  R  H  R  P  T
A  O  I  V  A  S  N  U  F  P  I  B  G  E  X  I
W  R  A  R  D  A  K  H  B  I  T  U  D  V  K  A
R  D  Q  U  I  S  Q  U  E  D  A  V  V  E  T  H
I  I  A  L  T  R  U  I  S  M  R  F  S  R  I  L
J  A  I  H  P  O  S  O  L  I  H  P  B  O  N  A
```

ALTRUISM	INTEGRITATE
MISERICORDIA	SPE
COOPERATIO	PATIENTIA
DIGNITATEM	RATIONABILE
DIPLOMATICAE	REALISMUS
PHILOSOPHIA	REVERENTIOR
HONESTATIS	SAPIENTIA
HUMANITATIS	TOLERANTIA
QUISQUE	BONA

9 - Ciencia Ficción

```
C F Z Z Q L T Z D O F V F D C D
S U C I M O T A A Z R K G Y O M
O T I W Y S B V J N K L I S N U
R U N G V J H E A A I Z W T S N
A R W A N A G A L A X I A O C D
C I T M T I U B S F E A T P R I
U S Q E Q S S L U A Q F E I I I
L T H R H H I D S I L L N A P L
U I L T I E V D P R X J A J S L
M C E X M M X P E A J Z L E E U
Q G J E H U W M N N R F P Q R S
U T O P I A W Z D I H C J N I I
A J U B F V F G I G M L A G T O
C R E P I T U S S A L L U N J U
W V Y O H Q P Q S M J G I X U M
W E K Q F H Z Y E I M U E B C M
```

ATOMICUS

DISTANT

DYSTOPIA

CREPITUS

EXTREMA

SUSPENDISSE

IGNIS

FUTURISTIC

GALAXIA

ILLUSIO

IMAGINARIA

ARCANUM

MUNDI

CONSCRIPSERIT

ORACULUM

PLANETA

NULLA

UTOPIA

10 - Granja #1

```
R U C Q N E F A C V P K T X C O
Q G A U Q Q D Q I R G O E O M E
P Q N L G U Q R X W V C R C W W
H M I I L U P P U K O Y R Y F O
G V S J V S I P A E P Y A H A U
P U M N M E L F E L I S U W W P
R U R A D H B G R X T E Q V K Y
V M L X M H B P K I C A A Q P W
U Z A L B M I O G A R N I M U C
G M Y B U E V R R I C E J I X I
D A O N Y M I G C O A F Y B F T
S T E R C O R A T U L B E W O T
S E M I N A K K L S M E P E S S
H J A G R I C U L T U R A Q W L
V I T U L U M S E V C V X V F H
Q O O C O R V U S U N I S A T I
```

APIS	FELIS
AGRICULTURA	HAY
AQUA	MEL
RICE	CANIS
ASINUS	PULLUM
EQUUS	SEMINA
HIRCUM	VITULUM
AGRO	TERRA
CORVUS	BOS
STERCORAT	SEPEM

11 - Camping

```
V E N A T I O N E E E C F U F E
M F S R M H B U N V T L A H D S
A K W U E I A R B O R E S S R T
Z Z B T N T C Q A E E A I U U B
L S R A U L U E H M T H N P D S
Q N H N F H R B D D N D G L Z A
H A M M O C K O P B I N I U T N
I N S E C T B U A V L I S N F I
L A C U S A D L M I O I B A A M
V N Y C I H T B A O K O N V N A
D P E F W U B C R E N A J I U L
X K Y T E M H Z E M X T C M V I
N U S P D A N M M W E R E H O A
C O R N U T A R A P P A Q M N V
Q V P B D M H J C D J C R N O Q
R U R T L F X H J Q I J L K K I
```

ANIMALIA	IGNIS
CASUS	HAMMOCK
ARBORES	INSECT
SILVA	LACUS
DECIMA	CORNU
CAMERAM	LUNA
LINTER	MAP
VENATIONE	MONTEM
FUNEM	NATURA
APPARATU	HAT

12 - Fruta

```
A R K F J F G H O S R I F U M M
P N E C T A R I N E I Z R V A U
P P E Z D K O Z O J N M G A N K
L I R S M F L F M Q A Z U E G I
E E P U N G O N E L B D A C O W
H S F C N L D P L H Q X V P U I
X C M N A O D A C O V A A I Q C
M A L O G R A N A T U M Y R A U
Z E J H U U A Z Y N S S A U Y F
B E R R Y E Z N F O U D P M N T
R U B U S I D A E U S H A I G Y
Q K A A K V W K L C A H P R D F
R D U L H T G G P E R S I C U M
N F N R O U E W A F E B W B J Z
P I N E A P P L E W C L Q L L D
R P I L M E J K O Q U L T S S K
```

AVOCADO
BERRY
CERASUS
PRUNO
DOLOR
RUBUS IDAEUS
MALOGRANATUM
GUAVA
KIWI
LEMON

MANGO
APPLE
PERSICUM
CUCUMIS
RHONCUS
NECTARINE
PAPAYA
PIRUM
PINEAPPLE
UVA

13 - Geología

```
S C S T A L A C T I T E M R Z G
C T A S A L L A R O C J I V X E
N P A L H Y A H C N P N N B S Y
E F S L C R V U D A N H E C P S
U Z P C A I A V Z C S E R T E E
S A U R S G U Y N L S Q A Q C R
T P C U L M M H O A W L O U Z Z
O D G I C X E I Z V F D I A S N
N V R E D J U Q T T W A B O D H
E N A P B U C Y R E M B U C Z G
Y V N G L E M I A N S V S J A P
F O S S I L E H U A E T A L P M
A C C U M S A N Q V A M O U Z B
E X E S A T E R R A E M O T U S
C R Y S T A L S N E N I T N O C
K D O D P A L W O R E V V H S C
```

ACIDUM	STALAGMITES
CALCIUM	FOSSILE
ACCUMSAN	GEYSER
SPECUS	LAVA
CONTINENS	PLATEAU
CORAL	MINERALIBUS
CRYSTALS	STONE
QUARTZ	SAL
EXESA	TERRAEMOTUS
STALACTITE	VOLCANO

14 - Álgebra

```
D M S M D S I N F I N I T A V F
E A L U M R O F C R V N F F E A
K R O S B C S L Z X G V E D J C
R F H L T T Z R U L U B I K U T
K Q W A F Q R L A T T M Y H H O
Z O T F K I U A B X I R T A M R
D I A G R A M A C R E O B S N L
F T N E N O P X E T Q H U G U I
O A Q I P E G U K S I V H P M N
C U F Z E V S S Z F T O M U E E
Z Q R E I D R N N M N I N V R A
Y E A L H M A U Q I L A O S U R
I A C E W F D L J Z E H O G S I
Q R T A T A G L B G I I O M A B
Z T I O T R S A T I T N A U Q U
Z P O D I V I S I O R K X O M S
```

QUANTITAS	FRACTIO
NULLA	INFINITA
DIAGRAM	LINEARIBUS
DIVISIO	MATRIX
AEQUATIO	NUMERUS
EXPONENT	QUAESTIO
FACTOR	SUBTRACTION
FALSUM	ALIQUAM
FORMULA	SOLUTIO

15 - Plantas

```
S  Q  N  S  I  L  V  A  B  H  U  P  C  P  P  V
Z  N  R  B  K  F  Z  R  U  F  O  E  T  S  I  I
B  P  V  U  M  F  Q  O  Z  F  Y  R  R  E  B  R
X  U  A  V  W  M  P  L  F  L  O  S  T  G  P  E
B  O  S  X  A  Z  U  F  C  B  A  W  B  U  M  N
R  O  K  H  P  Y  T  O  B  L  T  V  M  D  S  T
Q  O  M  N  G  F  R  E  M  Z  T  I  L  O  I  I
P  E  T  A  L  O  R  U  M  S  C  G  B  M  S  A
J  W  G  E  D  K  M  I  S  U  T  C  A  C  T  C
L  E  A  B  R  E  H  X  J  C  I  R  V  P  E  N
U  R  L  V  A  O  S  I  Q  S  H  L  O  Z  R  L
T  P  A  F  R  O  N  D  E  U  S  Q  O  W  C  I
I  P  R  B  E  F  H  A  W  M  O  D  B  F  O  Z
H  B  B  Z  D  Z  P  R  B  H  K  J  M  Q  R  Y
B  W  O  D  E  B  O  T  A  N  I  C  A  M  A  I
O  U  R  K  H  R  P  J  Y  E  M  O  B  Q  T  Q
```

BUSH	FRONDE
ARBOR	BEAN
BAMBOO	HEDERA
BERRY	HERBA
SILVA	FOLIUM
BOTANICAM	HORTUS
CACTUS	MUSCUS
STERCORAT	PETALORUM
FLOS	RADIX
FLORA	VIRENTIA

16 - Suministros de Arte

```
Z  C  L  P  H  W  G  H  J  B  E  D  C  C  H  A
O  A  T  R  A  H  C  L  U  F  C  O  T  A  U  H
V  M  K  X  G  Z  T  E  U  S  J  N  N  T  M  A
I  E  B  D  N  M  H  K  M  T  W  E  T  H  C  T
Z  R  S  I  Y  M  U  T  U  L  E  C  B  E  A  D
C  A  T  A  X  A  P  S  E  U  V  N  J  D  R  E
W  O  S  Q  D  S  M  G  L  R  Z  M  Z  R  B  L
A  E  L  R  P  N  K  C  O  T  I  U  M  A  O  E
U  K  H  O  P  E  E  G  K  D  H  T  E  R  N  O
S  T  Y  I  R  M  R  D  H  Y  G  O  V  Y  E  R
M  J  T  K  S  E  I  T  D  P  H  W  E  J  S  B
A  Q  U  A  W  E  S  L  E  L  V  R  H  C  M  A
P  E  N  I  C  I  L  L  I  R  Y  H  J  U  J  E
G  L  O  S  S  A  R  I  U  M  G  A  J  X  B  S
W  A  T  E  R  C  O  L  O  R  S  E  O  U  U  A
E  A  T  R  A  M  E  N  T  U  M  E  T  D  F  X
```

OLEUM	PERTERGET
DONEC	COLORES
WATERCOLORS	GLOSSARIUM
AQUA	PENICILLI
LUTUM	MENSAM
DELEO	CHARTA
OTIUM	GLUTEN
CARBONES	CATHEDRA
CAMERA	ATRAMENTUM

17 - Negocio

```
H  F  L  M  O  N  E  T  Æ  Y  J  R  L  T  T  Z
R  L  N  T  J  X  Y  Y  X  H  D  Y  L  T  N  F
S  I  K  P  J  C  W  A  X  F  I  D  G  U  U  M
E  I  T  S  E  L  O  M  U  I  C  I  F  F  O  S
C  U  R  R  I  C  U  L  O  X  O  D  R  O  C  U
R  X  U  M  D  W  G  R  R  X  :  O  W  Z  S  M
E  H  F  P  A  I  T  E  G  D  U  B  W  U  I  P
M  A  L  L  U  N  G  R  E  Z  O  L  E  M  D  T
S  I  Z  H  H  F  R  N  I  P  N  N  T  D  M  U
A  D  H  I  B  E  P  E  I  B  R  I  X  O  O  S
P  E  C  U  N  I  A  R  B  S  U  J  N  L  Q  Q
F  A  C  T  O  R  Y  E  L  A  S  T  T  O  W  D
P  A  R  C  U  S  Z  L  K  I  T  I  A  R  I  N
G  R  Y  X  D  E  Z  I  F  N  L  B  M  D  Y  T
F  I  N  A  N  C  E  L  L  F  V  O  B  L  Y  G
V  I  S  N  U  I  S  M  L  A  U  I  G  H  D  U
```

CURRICULO	TRIBUTA
SUMPTUS	DIGNISSIM
DISCOUNT	MERCES
PECUNIA	MONETÆ
PARCUS	OFFICIUM
MOLESTIE	NULLAM
DICO:	BUDGET
DOLOR	TABERNAM
FACTORY	ADHIBE
FINANCE	SALE

18 - Jardín

```
T L T X G X K H D B L R E A Q O
G R O B J D Y N I P S Q P M A R
S Y A X A S R S X H O C N A B C
L N B M E P E S T M L E G E T H
D V R M P O N V W U O A T P K A
V D E T F O E B Q R M R E P N R
I N H S U B L S S T K B D G H D
T G N P L Z F I Z U W O U C S A
I H M O K L K Y N R O R N P V U
S A I N A Z I S E G A R A G W
R M F A J O E C X S H O R T U S
G M U L U C R A S O W T P G R K
Q O I Y O J Q U L H O S X W G Q
N C O Y Y S Y L E Q F T B I Z N
H K N T T Q M R H L G F X B V C
F T R Q E N N A O G L Y Y Y A O
```

BUSH
ARBOR
BANCO
EGET
FLOS
GARAGE
HAMMOCK
HERBA
ORCHARD
HORTUS

ZIZANIA
HOSE
RUTRUM
SARCULUM
SAXA
SOLO
XYSTUM
TRAMPOLINE
SEPEM
VITIS

19 - Países #2

```
B U H G H U A G H T U V N V L I
A C I U R V G K R S A D I I U N
W B B F C A C I A M A J G A S D
X N E Y E R E V I J E R E X I O
A I R T S U A C R P T U R W T N
R I N Z T M Q I I D H S I K A E
G D I D B S E L N A I U A S N S
H S A F B K L H S A O D D Y I I
A L B A N I A A O P P A N R A A
G A L L I A D X O F I N A I P X
J A P A N B A L C S A I G A N T
I E W Y G A N G I A R A U M O J
M G H F G F I D X H B J U A W H
E P O B Y E A I E H G Y N M F O
S Q M T A E E O M O N Q S Y Q W
E A U S T R A L I A R U S S I A
```

ALBANIA	JAPAN
AUSTRALIA	LAOS
AUSTRIA	MEXICO
DANIAE	NIGERIA
AETHIOPIA	LUSITANIA
GALLIA	RUSSIA
GRAECIA	SYRIA
INDONESIA	SUDANIA
HIBERNIA	UCRAINA
JAMAICA	UGANDA

20 - Números

```
K N U N D E V I G I N T I X R C
E M S Z W I Q P D F F Y R B Y W
M I C E D O U D V G A G Y K L O
Q C E X T Z I N L F X M D I O M
Z E U Q L N N W S M Z P E L X I
S D T D M U D H O T C O C C Q C
K R F J K L E X T O U V I O E E
N O V E M L C A C D O D M A U D
T U I T D A I R O U T T A U Q M
R T D Y H V M Z T S E X L L N E
E T C U M I D K E B Y W E T I T
D A V P O G G Z M D S W S L U P
E U D S E I S M E T P E S E Q E
C Q K X S N M I C E D E S X R S
I F Z R V T T P E K W H N D U T
M E Z A R I D D D P U Z O A F O
```

QUATTUORDECIM   DUODECIM
NULLA   DUO
QUINQUE   NOVEM
QUATTUOR   OCTO
DECIMALES   QUINDECIM
UNDEVIGINTI   SEX
DECEM ET OCTO   SEPTEM
SEDECIM   TREDECIM
SEPTEMDECIM   TRES
DECEM   VIGINTI

21 - Física

```
D M O L E C U L O R M Q H G H C
T P H E N O I T A R A P M O C H
E N G I N E I N I A G T T D O A
V E L O C I T A S C N Z L T J O
L W W M A S S A S C E G D H Z S
F R E Q U E N C Y E T K D C D A
Z A O I A X R J Z L I E D G P T
O E Y O T Z M T R E S V G R G I
E L E C T R O N E R M G E E P S
F C C Z T J J C F A I A T O M N
O U Y W D N Q N T T L L V H B E
E N H U U G D E N I L U M J D D
M E C H A N I C A O V M L H F Z
G R A V I T A T I S U R Q V I C
V E S T I B U L U M Z O O A F Q
P R P A R T I C U L A F I E K O
```

ACCELERATIO

ATOM

CHAOS

DENSITAS

ELECTRON

FORMULA

FREQUENCY

VESTIBULUM

GRAVITATIS

MAGNETISMI

MASSA

MECHANICA

MOLECULO

ENGINE

NUCLEAR

PARTICULA

EGET

COMPARATIONE

VELOCITAS

22 - Belleza

```
V  K  M  M  S  I  N  E  L  C  C  I  C  T  S  K
M  F  L  D  T  O  M  P  R  I  O  M  Z  V  T  E
N  L  B  E  I  M  D  P  M  N  N  A  D  Y  Y  U
F  G  O  U  B  V  I  O  D  C  V  M  M  W  L  H
R  N  R  W  I  K  P  M  R  I  A  E  K  T  I  O
F  L  O  A  O  E  R  I  T  N  L  T  H  Z  S  V
A  W  L  L  T  Z  L  F  X  N  L  U  O  I  T  P
X  V  O  F  Y  I  S  E  W  I  I  Y  H  D  H  W
I  U  C  S  V  R  A  Z  G  S  S  B  H  S  B  K
C  R  V  P  C  A  Q  U  K  A  I  C  I  F  F  O
I  C  Z  E  G  H  Y  B  U  S  N  A  G  E  L  E
A  Z  K  C  I  T  S  P  I  L  Q  T  X  O  W  J
M  F  G  U  L  E  P  O  R  E  M  V  I  U  U  Z
V  E  S  L  S  H  A  M  P  O  O  M  D  A  B  P
J  J  G  U  X  O  B  C  U  T  I  S  L  F  U  W
Z  C  Q  M  O  L  L  Z  R  R  J  L  N  T  M  D
```

SHAMPOO	ODOR
COLOR	GRATIA
STIBIO	CUTIS
ELEGANTIA	LIPSTICK
ELEGANS	CINCINNIS
LEPOREM	CONVALLIS
SPECULUM	OFFICIA
STYLIST	LENIS
AMET	AXICIA

23 - Países #1

```
N M U I G L E B V E P M Y P A P
S O A N I C A R A G U A R G E H
K T R U L H I S P A N I A T G I
K W V W R C X M O A Z X W S Y L
I L E Q A I R O T A U Q E A P I
F F N S I Y T P K H U R D I T P
A B E Y L B P A A Y B I L N O P
I H T C A H X H N N M C H A H I
D T I L T A O Y J I A N E M O N
R K O F I M H M I L A M A R N E
K X L J A N I T N E G R A E D S
C W A E J K N V Y P Q U H G U Q
W V N R T M D H L M Q G H V R I
C A N A D A I N O L O P Q B I Z
V H I K U Z A U S R V E R M A I
Y J D Q I Z S L V S B R A Z I L
```

GERMANIA	INDIA
ARGENTINA	ITALIA
BELGIUM	LIBYA
BRAZIL	MALI
CANADA	MAURITANIA
AEQUATORIA	NICARAGUA
AEGYPTO	NORWAY
HISPANIA	PANAMA
PHILIPPINES	POLONIA
HONDURIA	VENETIOLA

24 - Mitología

```
M F M L J C R Z E L U S T B O W
A O A S J V U Q W K P I O E V S
G R T R Y J M Y K G M D N L W B
I T C R E A T U R A H A I L S O
C I I C M B G F L R Y L T A Y Z
A T D O U O G P Q E J C R T R Y
L U N P S L R X M J A A U O I M
I D I I U S T T W X M C A R Q U
S O V N A V V U A U F U L G U R
T P B I B C I C R L V U A B D T
C Q D O A G A N F A E Z T B E S
Q W H N A R C H E T Y P U M X N
F H E E L A B Y R I N T H U S O
P Y R S E T N A H P M U I R T M
R L O L E G E N D M O R I B U S
T H S S I P F T B Q M A N W I R
```

ARCHETYPUM
ZELUS
CAELUM
MORIBUS
OPINIONES
CREATURA
CULTURA
CLADIS
FORTITUDO
BELLATOR

HEROS
LABYRINTHUS
LEGEND
MAGICALIS
MONSTRUM
MORTALE
FULGUR
TRIUMPHANTES
TONITRUA
VINDICTAM

25 - Ecología

```
R K S N R T S N J U I I E I K B
Y K S U B H E T A T I C C I S G
S Z G L J I T A R T G Q A H E T
N Q T L N A N C O A U Q T T T D
F S Z A G V O G L T R R D S A I
C V D M S P M B F I L E A C T V
T K B E C R P O U B V C I Y I E
N P E D J G P V M A B A T A N R
N A T U R A L I S H Z S N P U S
B A U L Z S X P E S S M E E M I
M L K A F D A V P E N I R A M T
B L D P B O B L O R E U I O O A
S P E C I E S Y U F B B V T C S
V A R I E T A T E T V D P P P V
P L A N T I S U J P E Q S I A P
V O L U N T A R I I S M L J F X
```

CAELI
COMMUNITATES
DIVERSITAS
SPECIES
FLORA
HABITAT
MARINE
MONTES
NATURALIS
NATURA

PALUDEM
PLANTIS
OPES
SICCITATE
NULLAM
SALUTEM
VARIETATE
VIRENTIA
VOLUNTARIIS

26 - Casa

```
O W M E P E S L I N H M F T V F
F F U H Z V C I S B D U U E E E
F S L O P E W B B Y O R N C S N
K O U G B V W R Y C T U D T T E
T A C I T T A A Q E N M A U I S
O E E O Z E D R R Y A F M M B T
L R P N U P R Y M X M C E G U R
X A S L W A O E D K B Y N Y L A
N R E B M I Y S U C O L T G U E
J E N A S J W C T A B T U J M S
T R H G T T V A U I S Y M C U O
P E L L E S V M U L U C I B U C
G A R A G E I X W P T M A T N M
L U C E R N A N F I R K Y W G U
I D X D J I I U E N O E E F B Y
T H F J R D T A D G H A K V P M
```

ATTICA	LOCUS
LIBRARY	HORTUS
FOCO	LUCERNA
VESTIBULUM	MURUM
PELLES	AREA
CUBICULUM	OSTIUM
IMBER	FUNDAMENTUM
GENISTAE	TECTUM
SPECULUM	SEPEM
GARAGE	FENESTRA

27 - Artes Visuales

```
S  J  I  S  L  Y  W  B  K  W  M  C  B  J  Y  P
P  G  J  K  R  B  O  U  E  Y  Y  B  Q  K  I  P
Y  B  O  R  G  H  B  F  O  O  S  A  Z  H  F  R
Y  X  C  X  R  P  H  O  T  O  G  R  A  P  H  O
B  W  Q  E  H  V  K  Y  M  A  O  A  R  Z  A  S
F  H  S  U  I  R  A  M  L  A  P  E  E  P  R  P
P  S  E  I  G  I  F  F  E  U  D  K  C  I  T  E
G  E  C  R  E  T  A  E  C  X  T  B  V  C  I  C
R  N  N  U  L  D  U  I  S  A  B  U  S  T  F  T
A  O  I  T  I  S  O  P  M  O  C  C  M  U  E  U
P  B  U  A  C  I  Q  Y  N  U  M  Z  A  R  X  M
H  R  J  X  N  Y  X  J  U  O  I  A  S  A  A  I
I  A  Z  P  E  E  O  Q  Q  U  Z  T  R  S  L  V
U  C  U  G  T  N  E  Y  H  I  G  H  O  U  L  Q
M  F  N  L  S  G  L  O  S  S  A  R  I  U  M  Y
A  R  C  H  I  T  E  C  T  U  R  A  L  P  U  F
```

LUTUM
ARCHITECTURA
ARTIFEX
OTIUM
CARBONES
CERA
COMPOSITIO
GLOSSARIUM
PHOTOGRAPH

GRAPHIUM
PALMARIUS
DUIS
PROSPECTUM
PICTURA
STENCIL
PEN
EFFIGIES
CRETA

28 - Salud y Bienestar #2

```
G G G G X B L C A V Q C V H F B
S E U Z F B J A P E O O I Y M J
U A N N K C C L P S A R T G O M
D O N E I C W O E T N P A I R M
N I U G T X M R T I A U M E B E
O T Y R U I T I I B T S I N I N
P C X F N I C E T U O K N E F O
Z E E O K A N S U L M J U U A I
D F S A N U S E S U I H M G A T
O N J H Z R M Q M M A Z A V B C
S I L A T I P S O H U H D K Z O
S U S P E N D I S S E M N G C C
N U T R I T I O N E M Y J O F N
H V D Z D R E C U P E R A T I O
W K P K B I J C M N K Q T J K C
O S F B T S U V I F D T E Q K D
```

URNA	HYGIENE
ANATOMIA	HOSPITALIS
APPETITUS	INFECTIO
CALORIE	SUSPENDISSE
CORPUS	NUTRITIONEM
DIET	PONDUS
CONCOCTIONEM	RECUPERATIO
VESTIBULUM	SANUS
MORBI	SANGUINEM
GENETICS	VITAMINUM

29 - Selva Tropical

```
R  S  U  H  L  N  S  P  E  C  I  E  S  Q  Z  U
E  G  L  O  F  S  A  I  S  R  L  M  A  U  B  G
S  A  O  J  M  K  R  T  D  L  E  U  T  A  S  N
T  S  A  L  U  T  E  M  U  U  A  S  I  N  K  L
I  A  T  Y  M  C  F  U  H  R  C  C  N  T  R  J
T  T  C  O  C  Z  O  S  X  L  A  U  U  U  E  B
U  I  E  Q  Y  H  K  O  M  W  I  S  M  M  F  K
T  S  S  H  W  W  F  I  V  J  B  E  M  W  U  Y
I  R  N  I  O  C  D  T  Z  N  I  V  O  W  G  A
O  E  I  R  T  H  O  E  L  U  H  A  C  X  I  M
N  V  D  P  C  A  Z  R  C  L  P  T  Y  D  U  V
E  I  F  D  A  D  C  P  A  L  M  J  Z  H  M  R
M  D  O  G  W  R  Y  N  Y  A  A  N  U  B  E  S
B  O  T  A  N  I  C  A  U  M  G  X  E  Q  U  H
L  E  G  D  C  Y  J  W  B  R  D  Z  N  R  E  U
P  H  W  O  R  A  W  I  O  H  T  L  K  O  N  L
```

AMPHIBIA	NATURA
BOTANICA	NUBES
CAELI	AVES
COMMUNITAS	REFUGIUM
DIVERSITAS	QUANTUM
SPECIES	RESTITUTIONEM
INSECTA	TRUNCATIS
NULLAM	SALUTEM
MUSCUS	PRETIOSUM

30 - Adjetivos #1

```
M N N L J I A M B I T I O S A K
I N D V H M N M O D E R N I V F
G M M Y R U I G B Q Q I C V I F
M M Q X H S E H E H D U L A T V
X A T U L O S B A N Q V A R C T
A K G K N I U I M A S E R G A E
R O Q N X T M N A R N N A L R V
T D E M A E I P L O E E H G Q D
O A D C Q R X E I M C S A M E T
P H R L Q P A R B A O I F J J Q
Q G B D B P M F E T N R Y X P P
A C E H U P X E R I N B X T O S
O A D F T S G C A C I E Q F Y W
E X O T I C U T L U J N Y O D P
C F G J D F S U I M A E O U Q L
Z V P G V V Q M S Q O T B V O X
```

ABSOLUTA
ACTIVA
AMBITIOSA
AROMATICUM
NIBH
CLARA
INGENS
EXOTIC
LIBERALIS
MAGNA

AMET
MAXIMUS
INNOCENS
IUVENES
TARDUS
MODERN
TENEBRIS
PERFECTUM
GRAVIS
PRETIOSUM

31 - Familia

```
S  I  T  P  E  N  G  Q  R  D  C  Z  Q  X  K  Z
O  P  F  Q  Y  E  L  I  J  C  F  Z  V  A  C  U
R  I  V  E  A  U  T  A  Y  N  C  L  G  A  Z  D
O  E  Q  F  N  Z  M  O  Y  D  G  N  H  V  E  H
R  T  U  C  C  I  W  A  Y  Q  M  F  I  L  I  A
S  S  O  P  E  N  C  B  P  K  A  X  B  D  N  P
A  V  I  A  S  U  S  U  U  R  T  A  P  D  R  A
T  Y  E  B  T  N  A  T  H  F  E  B  U  H  E  T
C  J  X  B  O  M  A  I  T  I  R  E  U  P  T  E
D  X  M  Y  R  A  V  E  G  T  T  O  R  E  A  R
V  T  H  R  B  T  U  N  O  Z  E  I  X  J  P  E
M  A  T  E  R  E  S  X  Z  Q  R  Q  C  U  C  P
S  O  R  T  X  R  Z  J  B  Y  A  S  W  S  D  R
P  X  T  A  N  N  C  O  G  N  A  T  A  B  Y  K
Q  N  D  R  U  O  L  S  D  Z  B  F  I  L  I  I
J  T  L  F  J  F  N  W  Z  D  V  R  Q  J  S  R
```

AVIA	MATERNO
AVUS	PUER
ANCESTOR	FILII
UXOR	PATER
SOROR	PATERNI
FRATER	COGNATA
FILIA	NEPTIS
PUERITIA	NEPOS
MATER	MATERTERA
VIR	PATRUUS

32 - Disciplinas Científicas

```
M E N O I T I R T U N B N L N B
E S O C I O L O G I A E E D E I
T H F J Z O L T K B I A D F U O
E E Y G O L O N U M M I E I R C
O M A I M E H C R Y O Y R V O H
R S I N E E L W X A T M L B L E
O A B N T J M U V Y A A A O O M
L C S X E I R W A N N C N T G I
O I I T V R Q E X Z A G D A Y S
G N U I R H A U U Q V C I N G T
Y A D K P O J L I N W R C I O R
U H C J G H N N O T Q I A C L Y
T C T F D Y L O J G A P E A O G
P E Z D L M V G M J Y T C M I S
E M J O A K J Z U I Z D I H B R
O E C O L O G I A W A C J S U A
```

ANATOMIA
ANTIQUITATIS
ASTRONOMIA
BIOLOGY
BIOCHEMISTRY
BOTANICAM
OECOLOGIA
NEDERLANDICAE
IMMUNOLOGY

MECHANICA
METEOROLOGY
MINERALOGY
NEUROLOGY
NUTRITIONEM
DUIS
CHEMIA
SOCIOLOGIAE

33 - Salud y Bienestar #1

```
R E F L E X U M O S Z G O T F J
A A E X C D M A R U T A T S K X
C L R U F B L L N R F O S G S G
T T N L W W I S Z I O I U Q T A
I I I A W C Q U N V T P J L E T
V T M C O N S E Q U A T N C U F
A U X X Y L E U B D M E H N O X
J D W S D C M U X E E G O H T L
Y O I T A R U C O C D E R J F P
H F P S Z R U I E U I N M T R Y
F A I R E T C A B T C X O P A S
U A B L L G R G T I I X N A C Z
W R M I I N V P A S N T E U T Z
Y C S E T O D M X J A I S Z U H
I L U C S U M Q L T W X A L R W
L N C U S C S U C I D E M Z A E
```

ACTIVA
ALTITUDO
BACTERIA
EGET
MEDICUS
ATQUI
FRACTURA
FAMES
HABITUS
HORMONES

OSSA
MEDICINA
MUSCULI
CUTIS
STATURAM
REFLEXUM
CONSEQUAT
JUSTO
CURATIO
VIRUS

34 - Adjetivos #2

```
E R B N M D C J I O S K T T U N
C D A P I J E Y X S A W K R Z A
G O U Q G G W S L U N L S A H T
V S N L B K Y U C B U M G G F U
D A D D I O X S H R S G D I O R
E L M S I S E S H E I O A C R A
L S I U D T M A N P F P B U T L
E A K K L E U L Y U R P T S I I
G O F N X G V S Y S U B E I S S
A W E F I N O V A I C D M L V L
N M G O S N N A M M T L A I U E
S S I C C U M I R F U Q C B I E
C R E A T R I X O D O M M O C D
U C M Q X A J V F H S J U N E A
U T N A H T W J O X A P Y V E T
A Y S U D K U W K F O M Q S Y P
```

LASSUS
EDULIS
CREATRIX
DESCRIPTIVE
TRAGICUS
ELEGANS
NOBILIS
NOVA
FORTIS
COMMODO

NATURALIS
DUIS
NOVUM
SUPERBUS
CONDITUS
FRUCTUOSA
AMET
SALSA
SANUS
SICCUM

35 - Cuerpo Humano

```
C C Z N M C X D Q F Z M I P J Z
M U R E M U H J I N X A R J O B
U T U P A C X E N G I N A Z R U
F I I Z S K T H H A I U Q C E V
A S Y F M O R B V U R T L H J I
C B S L A Q Q G Q J O I U N M O
I D V Q M K M A T H C R B S F C
E Q J H E U G S A V K B D U G U
M Z R Z N E C E R E B R U M S L
T Q B T I E G A U R I S X U U U
C O L L U M E U H X P P I T T S
E U S O G A N K E A E J P N I U
I U D R N C U R V F W V U E B R
K A W M A V O U Y M A V T M U C
Q Y E I S T D D Z K S V U D C G
R P L D F K L I N G U A J F C P
```

MENTUM	LINGUA
ORE	MANU
CAPUT	NARIBUS
FACIEM	OCULUS
CEREBRUM	AURIS
CUBITUS	CUTIS
COR	CRUS
COLLUM	GENU
DIGITUS	SANGUINEM
HUMERUM	TARSO

36 - Calentamiento Global

```
A G K T W M T A U Q E S N O C M
Y M U B J Q I L W F E L R T N I
E C S G Z K S I L V J L P X U X
K V E B W N I Q J N L S Q S N G
P E G R U T A U Q E S N O C I I
O S E N O I T A T U M A R E P O
P T L R Y B O M U I R E P M I P
U I F U T U R U M C A E L I F Z
L B V P A I E O C C S U O S T Y
I U U G E N E R A T I O N E S O
Y L A N O I T A N R E T N I W I
N U S C I E N T I S T Q C F I M
N M D I S C R I M E N M U R C C
X T I Z Z F W S W L F Q E T A Q
T E M P E R A T U R I S D Z P R
V C A D A T A I R T S U D N I F
```

NUNC
ALIQUAM
OPERAM
ARCTIC
MUTATIONES
SCIENTIST
CAELI
CONSEQUATUR
DISCRIMEN
DATA

CONSEQUAT
VESTIBULUM
FUTURUM
GENERATIONES
IMPERIUM
INDUSTRIA
INTERNATIONAL
LEGES
POPULI
TEMPERATURIS

37 - Ciencia

```
M K E U R P O P E D D B S H W J
U O H Z K R B H X I A R U T A N
R T D N L A S Y P S T L D K E G
K B K U Y E E S E D A L L Q J S
X G C P S G R I R T H O B U I R
C M H H N R V C I D W C H L N M
X C D C Q E A A M O T A Q G V S
M E O Y Q S T F E P L A N T I S
C O V V N S I O N D G Z Z I U H
N R L R O U O S T E S M G R L G
J Z E E D S N S U U U N Q D T Y
M E G L C B E I M B Z Z E C U I
J M E K L U X L P N M L K K N H
X V T F T I L E A C I G R G M P
A Y W N G R S I L U C I T R A P
M R S F H Z K T S I T N E I C S
```

ATOM
SCIENTIST
CAELI
DATA
PRAEGRESSUS
EXPERIMENTUM
PHYSICA
FOSSILE
EO

RUM
NULLA
MODUS
MOLECULIS
NATURA
OBSERVATIONE
PARTICULIS
PLANTIS
EGET

38 - Profesiones #1

```
U J Y S U T A G E L A Z E F V K
J G Q Q U E L E D I T O R O G B
N C M W R G R U B M Y V W V T R
A V E N A T O R E L E W E J C E
M T G S H B N L M U S I C U S H
E G T S I G O L O H C Y S P G P
D E D O A F Q U F R Y F U E A A
I O K U R T R H O M T K I M E R
C L T H E N H D K V D S R S S G
U O W Y Z Q A L S U V I A T A O
S G F N O I J T E S K H B N L T
M I N U T R I X U T V H M M T R
L S O V S W Q W K M A F U T A A
J T M G Y Q X K N I O Y L X T C
C T L E R A E D A I Z T P S O L
J X D F I R E F I G H T E R R K
```

ATTORNATUM
ASTROLOGUS
ATHLETA
SALTATOR
REMI
FIREFIGHTER
CARTOGRAPHER
VENATOR
MEDICUS
EDITOR

LEGATUS
NUTRIX
RAEDA
PLUMBARIUS
GEOLOGIST
JEWELER
MUSICUS
THE
PSYCHOLOGIST

39 - Vehículos

```
P H A I V F C A V M A T N F S S
O Q E M N W H L I P M A N L Z C
R Y C L O J L E V R B X V K C O
T W O T I T G D A A U I V K O O
T H M J R C O I M T L N A V I T
I F I S O A O R U I A Z B A E E
T V T X L A C P S S N Q A F E R
O H A F O P Z T T W C K W B X Z
R C T S D Z C B O E E J C O G P
Z O U T I R E S C R R L A U L H
P M M S U B M A R I N E R Z G O
U I S U B W A Y L Z G E R U C A
R T G O Q I K R X W N A R B B W
D A F K H S C B A Z D T U Z C B
R T U A G B U G I A W L O I Y H
C U V B A A M J F X D U D O I A
```

AMBULANCE
VIVAMUS
RATIS
NAVI
DOLOR
COMITATUM
CAR
ERUCA
PORTTITOR

HELICOPTER
SUBWAY
MOTOR
TIRES
SCOOTER
SUBMARINE
TAXI
TRACTOR
COMITATU

40 - Geometría

```
P  V  E  S  T  I  B  U  L  U  M  E  O  N  S  T
P  A  S  S  A  M  A  I  D  L  E  L  D  U  E  R
N  C  R  G  J  J  L  S  G  I  I  T  H  M  G  I
S  I  L  A  C  I  T  R  E  V  C  J  P  E  M  A
D  G  Z  T  L  T  H  E  O  R  I  A  H  R  E  N
Q  O  Y  S  U  L  U  G  N  A  F  H  D  U  N  G
E  L  J  V  B  U  E  O  Z  I  R  O  X  S  T  U
J  C  O  Z  E  S  X  L  D  M  E  I  I  I  U  L
A  L  T  I  T  U  D  O  A  C  P  T  S  T  M  U
C  G  W  J  Y  N  H  I  G  A  U  R  I  I  A  M
W  U  K  K  S  A  J  T  H  L  S  O  K  D  F  R
B  R  R  D  W  I  I  A  N  C  T  P  R  E  H  E
R  M  V  V  D  D  S  U  S  U  D  O  T  A  P  L
P  Q  N  H  A  E  C  Q  G  L  P  R  P  R  E  W
W  N  N  E  S  M  T  E  S  U  K  P  S  P  X  P
V  N  G  O  S  U  N  A  H  S  N  V  B  W  M  E
```

ALTITUDO	MEDIANUS
ANGULUS	NUMERUS
CALCULUS	PARALLELA
CURVA	PROPORTIO
DIAM	SEGMENTUM
RATIO	PRAEDITIS
AEQUATIO	SUPERFICIEM
VESTIBULUM	THEORIA
LOGICA	TRIANGULUM
MASSA	VERTICALIS

41 - Vacaciones #2

```
D P Y H S U H P A R G N I S B M
D A C N E F B H L M E L I T E A
O U V W N E N N U N E F X T A R
L T W J I R B M S U L T A A C E
I A I B G I A X N L Y I T B H W
U T I U A A W F I L X L C E V R
J I O F M S G T M A I J E R I K
I M A L I E N A Y Y P N N N Z N
X O R Y E K V J T Y G P J A I I
E C T O A T C V W X S X G C I H
B P S X G S O H N N L V Y U M R
P W A U O B K H A S A L W L Y F
F U C I T E R K X V G O B U O Y
E E E N T H B J K I L K F M I Z
M A P E C A W T R S B S F Q M G
Y X U M O N T E S A C Q G C G G
```

ELIT	OTIUM
CASTRA	SINGRAPHUS
TABERNACULUM	BEACH
ALIENA	AMET
IMAGINES	TAXI
HOTEL	NULLA
INSULA	COMITATU
MAP	FERIAS
MARE	ITER
MONTES	VISA

42 - Baile

```
R N U M E R O T P C A N W D E N
E A I M E D A C A S J H X S P S
C I Q A F U G U F A L Z E V G G
E H W U L A C I S S A L C X F R
N E B A M M W M U T I D A R T A
S A C I S U M S T C A T E A L T
E Y F U R Z X O O U I T R Y Q I
N A Y F M X L C M L O N U R P A
D C X A E C R I W T Z R N R V W
U U J B I C M U K U J G I S A F
M L S I B N T M Z R D D G V U M
V T W U U D E U J A C O R P U S
V U P L B L A U S I V N H E A W
J R E X P R E S S I V U M P Q Y
Q A C H O R E O G R A P H Y C S
H E E K L K R N N K Q S L W R V
```

ACADEMIAE
LAETA
ES
CLASSICAL
CHOREOGRAPHY
CORPUS
CULTURA
CULTURAE
AFFECTUS
RECENSENDUM

EXPRESSIVUM
GRATIA
MOTUS
MUSICA
STATURAM
NUMERO
SOCIUM
TRADITUM
VISUAL

43 - Matemáticas

```
T  T  M  A  I  D  Y  R  N  P  V  V  A  D  R  Y
D  K  M  Y  N  P  O  L  Y  G  O  N  U  M  E  P
D  M  U  L  U  G  N  A  I  R  T  Z  O  B  C  R
X  A  X  E  F  M  U  T  A  R  D  A  U  Q  T  A
C  N  S  M  W  A  C  L  X  H  P  D  K  C  A  E
A  R  Q  P  T  M  X  O  I  S  I  V  I  D  N  D
A  R  I  T  H  M  E  T  I  C  A  R  Q  N  G  I
L  R  A  D  I  U  S  N  G  P  R  A  E  O  U  T
E  S  Y  C  F  S  E  E  E  E  E  K  M  L  I
L  S  Z  Y  R  O  L  N  O  R  A  Q  J  W  U  S
L  E  B  T  A  O  A  O  M  I  H  U  A  L  M  N
A  E  Q  W  C  X  M  P  E  M  P  A  U  C  T  B
R  J  D  Q  T  U  I  X  T  E  S  T  R  V  S  T
A  W  K  J  I  P  C  E  R  T  I  I  B  B  T  J
P  R  K  G  O  L  E  L  I  E  Y  O  T  Q  R  X
T  B  G  Q  O  F  D  E  A  R  X  V  R  H  W  S
```

ARITHMETICA	GEOMETRIA
ANGULI	NUMERI
QUADRATUM	PARALLELA
DECIMALES	PERIMETER
DIAM	POLYGONUM
DIVISIO	RADIUS
AEQUATIO	RECTANGULUM
SPHAERA	PRAEDITIS
EXPONENT	SUMMA
FRACTIO	TRIANGULUM

44 - Profesiones #2

```
E N G I N E E R H Z G P I L W V
W P F Z V D Y F O A F N P W L Y
T I R P T X S H R O T C I P H B
L B S V F X S Q T S I T N E D K
S U C I D E M T U A N O R T S A
A G R I C O L A L E F L E K E R
M I A H C C J C A L X X H V T Y
P A N M A C U Q N S C C S Q T Y
R J G V T C X I U B O I I A S R
E B Z I E P K T S I G O L O I B
T Q O G S N M U U Z A Q B J U J
I V G F T T T C D R P T U G G W
U Z C W P G E O K V J I P N N P
M N B P G Q D R R R W J M O I Y
P H I L O S O P H U S H I M L A
I L L U S T R R A T O R W V U H
```

AGRICOLA	ENGINEER
ASTRONAUT	INVENTOR
BIOLOGIST	HORTULANUS
DENTIST	LINGUIST
PUBLISHER	MEDICUS
PHILOSOPHUS	WISI
PRETIUM	PICTOR
ILLUSTRRATOR	MAGISTER

45 - Senderismo

```
E J A S V C B A P C L S W Y H O
W O X D J Y S T R L U M W X A R
E X U L V X S C A T A L O S X I
H B G P S L A A E S Q T M Q Q E
S I S I C R A P P C L B C E U N
A N I M A L I A A S I T N V N T
L Q V D U C E S R U L W D A A A
A P A O Q M M F A N E I Z I Q T
P I R E V A Y Z T R A R E F U I
I M G C Y P G L I E C T R C A O
D B C D A Q Y E O B A D U Q A N
E T Y D V S U S S A L L U R J U
S E R D Q T T M E T N O M Z A B
K F T T S X M R U Y X Z Z H F C
X G L T C N T R A Q Y C T W A P
C Z D W R U W H U S Q H V J L U
```

AQUA	MONTEM
ANIMALIA	NATURA
TABERNUS	ORIENTATION
CASTRA	PARCIS
LASSUS	GRAVIS
CAELI	LAPIDES
CULMEN	PRAEPARATIO
DUCES	FERA
MAP	SOL

46 - Naturaleza

```
S Z A I L A M I N A V M B S A N
C R D R P P A C I S A O L I B S
R P Z P C N O S E B U N Y L R F
E X E S A T D C U X C T X V Y L
I P Q S Q E I Y S S S E P A M U
C U F F D H E C X F C S J L V M
A L O I R R X N D O G I L A C E
L C M V J O S E R E N A P C O N
G H A R Z K N Y J Q R P M I A F
S R T C N M S D W P O G E P T C
D I M W P F I R E N E M D O J I
Y T W M O E L V D K D L P R K E
Y U M U I R A U T C N A S T I B
A D O N O A T V D V S N R Z M H
J O S Z U Z I T S D E S E R T O
T A O L W D V C C D W A A M P N
```

APES	MONTES
ANIMALIA	CALIGO
ARCTIC	NUBES
PULCHRITUDO	PACIS
SILVA	FLUMEN
DESERTO	FERA
SUSCIPIT	SANCTUARIUM
EXESA	SERENA
FRONDE	TROPICAL
GLACIER	VITALIS

47 - Conduciendo

```
I  B  B  S  P  Y  W  K  H  M  R  B  C  V  V  I
C  C  E  L  E  R  I  T  A  T  E  V  A  B  L  K
I  G  F  V  B  T  S  E  Q  B  R  W  G  F  A  Y
W  K  I  G  D  C  R  T  H  A  M  N  U  L  L  A
C  N  Q  P  O  I  Z  T  E  O  U  U  G  S  P  C
C  A  R  I  L  M  F  O  F  H  L  I  K  A  E  S
P  E  E  P  O  I  T  F  I  I  U  M  B  L  R  E
N  N  G  T  R  O  T  O  M  G  B  U  V  U  I  L
D  E  A  J  A  I  T  N  E  C  I  L  M  T  C  C
P  A  R  N  V  L  Q  M  V  O  T  U  A  E  U  Y
B  V  A  Y  X  T  P  S  J  D  S  C  P  M  L  C
T  U  G  E  O  W  K  G  Y  Y  E  I  Z  Y  U  R
A  C  C  I  D  E  N  S  M  A  V  N  R  Q  M  O
Q  U  Y  B  K  Z  O  U  H  B  W  U  Y  F  G  T
M  Z  D  U  M  E  T  A  G  L  G  C  K  Y  L  O
U  K  R  Y  U  B  A  P  E  D  E  S  T  R  E  M
```

ACCIDENS	MOTORCYCLE
PLATEA	MOTOR
DOLOR	PEDESTREM
CAR	PERICULUM
ESCA	AT
DUMETA	SALUTEM
GARAGE	NULLA
VESTIBULUM	AENEAN
LICENTIA	CUNICULUM
MAP	CELERITATE

48 - Ballet

```
D O V O M S S N N W M Q X G T R
E L Y T S U D J R B U S V I S S
C M T F N S S S E R O T I D U A
O G E S T U M I P Y L A L T Q L
R X X A K A U U C I O R U C R T
U X R L P R V D V A S S C W O A
M X R Q H T I V Q S C O S G T T
D M U D N E S N E C E R U W I O
W E T A R T S E H C R O M M S R
F J U S D Y E B N Z K T U C O E
N U M E R O R Z U O W T U R P S
G J T Z J S P P Q K I H C D M O
B Q J H K C X H M J U T B X O D
R I C Q K H E H Q B R L C J C A
C H O R E O G R A P H Y L E Q J
I N T E N S I O N E M L L Y L C
```

DECORUM
ARTIS
AUDITORES
SALTATORES
COMPOSITOR
CHOREOGRAPHY
RECENSENDUM
STYLE
EXPRESSIVUM
GESTU

ARTE
INTENSIONEM
LECTIONES
MUSCULI
MUSICA
ORCHESTRA
USU
NUMERO
SOLO
ARS

49 - Fuerza y Gravedad

```
O I T A T A L I D B Z V I M M U
C J C C E L E R I T A T E A A N
M E I T I P I C S U S R P G G I
T E N R U T I B A R U C O N N V
E P C T C M Z P V X T S N E I E
M Q Z H R M J S G D O O D T T R
P K X H A U W Z R W M I U I U S
U Z X D C N M S R M R S S S D A
S L I A F O I T N E V N I M O L
O R B I T A D C A A Y Y I I L I
G F T P K D E Y A C I S Y H P S
Q W I P R O P R I E T A T E S Z
G W Z A X I S Q T B Z H K T K W
U D M T B N C P R O C U L T I V
P L A N E T A R U M P I V C H K
W H P R I I N Y D L W O Y Q V U
```

CENTRUM   MECHANICA
INVENTIO   MOTUS
SUSCIPIT   ORBITA
PROCUL   PONDUS
AXIS   PLANETARUM
DILATATIO   CURABITUR
PHYSICA   PROPRIETATES
ICTUM   TEMPUS
MAGNETISMI   UNIVERSALIS
MAGNITUDO   CELERITATE

50 - Aventura

```
Q T G O B I F X H M E D S L T D
A G Z M P U M Q T M T T P I S I
M U D N A N I R G E R E P N C F
P U L C H R I T U D O X R A P F
I N R S C R A N N B F S N T E I
T A O I T C A N Y G D G J U R C
I V I C M X C P Z O A A H R I U
N I T I E U Q G I A A U Z A C L
E G A M T A I S E C T D R Z U T
R A R A U K B D T K I I I U L A
A T A W L R V G U N L U J X O S
R I P Z A T G X T T O M I S S G
I O E C S Z O C R A S V M P U U
U N A T A N M P I I N I U N M L
M E R F W Q E T V R I L D M O V
B M P U D R J X K A R X G B L G
```

ACTIO
GAUDIUM
AMICIS
PULCHRITUDO
DIFFICULTAS
STUDIUM
PEREGRINANDUM
INSOLITA
ITINERARIUM

NATURA
NAVIGATIONEM
NOVUM
FORTE
PERICULOSUM
PRAEPARATIO
SALUTEM
MIRUM
VIRTUTE

51 - Pájaros

```
C G L N E S A L I U Q A T P N P
O S S U V R O C P B G I N A R S
L J W T B L A S C H E N X S W I
U O K A R L V J I I T O V S P T
M L W R N U U L N F P C R E X T
B Z I W M G T D A D W I N R H A
A A E N O L S H C T E C T P S C
M H E R O N W A I G D S T E N U
G T O U C A N N L O Y R F E R S
A W W C U R R A E G N E N H M G
Q L N T X R E T P N O E Z Q I I
A N S E R E M I X I O K M L O H
Y F W V E I C S P M K C U L Y W
C Y Q J I G R E I A C T V E O G
R I O X O N M U L L U P O S T F
N D P Q L G R Y A F C U E M W F
```

STRUTHIONEM	GULL
AQUILA	PASSER
GA	ACCIPITER
CICONIA	OVUM
SWAN	PSITTACUS
CUCKOO	COLUMBAM
CORVUS	ANATIS
FLAMINGO	PELICAN
ANSEREM	PULLUM
HERON	TOUCAN

52 - Geografía

```
U W I O D U T I T A L N L D I I
K R G I D N U M W Z Z H O E K R
G B B R C O N T I N E N S R J B
S S Q E Z M W U A F S M E T T N
W I E A M R I E S L E E J O Y H
O N Q H J W V N S A O R V M I Z
R I R P Q W B X P T E I M Y L U
P D C S P A T R I A F D A V S S
H U W I M R Y Q F C L I R E Z T
N T F M A L U S N I U A E N G X
A I K E P Q L W T Z M N N O R P
P G E H A T L A S F E U Z I Y S
M N Y A S F B B T S N S L G N S
Q O M O N T E M E I D I R E M J
A L T I T U D O E Z Y P Y R K B
T E R R I T O R I O R T D S X S
```

ALTITUDO
ATLAS
URBEM
CONTINENS
HEMISPHAERIO
INSULA
LATITUDO
LONGITUDINIS
MAP
MARE

MERIDIANUS
MONTEM
MUNDI
NORTH
WEST
PATRIA
REGIONE
FLUMEN
MERIDIEM
TERRITORIO

53 - Música

```
C G N I D R O C E R H D S H J G
M L S U C I S U M B G M U B L A
I V A U M B O F J V M U L N S L
N E N S Z E T A T N A C Z Y I L
S S L A S U R O H C L I G U L A
T T T I E I M O K T K S V D A I
R I Y N A N C X S J P U H N C D
U B E O A U I A W A R M E O O R
M U A M I V G A L L F Q D M V O
E L Q R P L W M P W L I W Y F C
N U C A L Y R I C A L I C A I N
T M A H O P E R A Y J T R U C O
U K N W T T R Z P O E T I C A C
M U T M F J M K T M R P A F T S
F E O R E M U N H E J C V U M Z
K L R J K J E F L R Z F B I C U
```

CONCORDIA	LYRICAL
HARMONIA	CANTATE
ALBUM	LIGULA
NAENIA	MUSICUM
CANTOR	MUSICUS
CLASSICAL	OPERA
CHORUS	POETICA
RECORDING	NUMERO
VESTIBULUM	NUMEROSA
INSTRUMENTUM	VOCALIS

54 - Enfermedad

```
I N V E T E R A T A N E A R Q H
I M M U N I T A T E M Z S E B Q
W V W B S C O R P U S J I S H Y
T S S N E G O H T A P K S P L J
E B M O Z M S C C I K K O I P W
A L L E R G I E S H I W I R N W
Y S M N C V H V B T N L G A P T
P S I N I M O D B A F U A T V R
Q A O T S U J S L P I M T O V I
Y L G T U D V D O R B N R U T
K U D K Y C C L S R M O O I L I
W T A W O J A S R U A R C I O C
J E M O R D N Y S E T U K V H U
V M U J B W B Y F N F M J L M M
J I N F L A M M A T I O O S S A
X U A H E R E D I T A R I A D G
```

ABDOMINIS
ACUTIS
ALLERGIES
CONTAGIOSIS
COR
INVETERATA
CORPUS
INFIRMA
TRITICUM
HEREDITARIA

OSSA
INFLAMMATIO
IMMUNITATEM
LUMBORUM
NEUROPATHIA
PATHOGENS
RESPIRATORII
SALUTEM
SYNDROME
JUSTO

55 - Actividades

```
X O I T C E L N U N F V A E N O
O L T S C Y E X V E H O R X D I
C S U I D N A C S I P L T T B T
L S T C U V D S O C V U E O G D
G V I G I M Z F D E U P S N D O
W F G N L I Q O U A L T C R T Z
C S D I U V L I L U Q A J O J A
Y C O N S E Q U A T R T V C B R
V B A E O R T L R T E E U O O L
P E G D I C B L U J F M I M S N
V S W R N N T F T W E D A M U F
A I G A M G E W C Y W H C O T S
G R W G N I T T I N K K T D U E
N M T S F L J F P U N J I I R H
P E E E N O I T A N E V O S A W
C A S T R A E V Y Z P D F B V B
```

ACTIO
ES
ARTES
CASTRA
VENATIONE
SUTURA
ARTE
COMMODIS
GARDENING

LUDOS
LECTIO
MAGIA
OTIUM
PISCANDI
PICTURA
VOLUPTATEM
CONSEQUAT
KNITTING

56 - Verduras

```
A P A R E B I G N I G K X P C S
D P B L S Y J U F A Q R S L U P
N B I C O P W C M M Y R E N C W
O X Z U Y S C Q D M C S B L U S
L E D Z M U R O G N U F A G R E
I W A C E J W C U C U M I S B M
V E U W T D X U B R D I S U I M
A G C N N Z D U D R A C F T T C
E G U R E P I S U M A I D C A W
C P S A G A Q F H R K S T A E X
C L W D L L T O L L A H S C S H
E A H I A L Z R O N Z P D I M Z
P N V C R I O F X W W B Y W C E
A T A U Y U S P I N A C H J Z A
A A Y L C M J G H B I A G X J H
C G Z A P E T R O S E L I N U M
```

ALLIUM   SPINACH
CACTUS   PISUM
APIUM   GINGIBER
EGGPLANT   RAPA
ALGENTEM   OLIVAE
CUCURBITA   CUCUMIS
CEPA   PETROSELINUM
SHALLOT   RADICULA
BRASSICA   FUNGORUM
SEM   DAUCUS

57 - Formas

```
C Y P H F C M R J W B Z J K G R
N T Y W O A Y O B A Z N Z N J E
E T R A P N D L E L L I P S I C
X Q A O S G Q A I O R M X A K T
N U M N G U C V S N F K P R V A
P A I M G L F O H P D H R O H N
O D D U U O C C T V H R K U K G
L R I L W C W U X H P A O Q Q U
Y A S U B U C R A A R A E N I L
G T U G X G R V X X I Q D R D U
O U L N T Y M A H Q S M D H A M
N M U A I D Q Q K T M G B E A H
U M C I C O N I K L A N W X V F
M S R R O K U B W P Z B R A Y D
U P I T V Y A A M V A P U B L S
Y F C C I R C U M P N V C D M R
```

ARC	ANGULO
ORAS	PARTE
CYLINDRO	LINEA
CIRCULUS	OVAL
CONI	PYRAMIDIS
QUADRATUM	POLYGONUM
CUBUS	PRISMA
CURVA	RECTANGULUM
ELLIPSI	CIRCUM
SPHAERA	TRIANGULUM

58 - Flores

```
F F S Q R U I V C O J X T V C U
G L F U O I M Q O I A A S N H X
P K O Y S S U H T N A I L E H L
P O L S A H R F I A X L S W E I
H P M U I L O F I R T O H A X L
I I R Z S L L S V C N N M G C I
Q Z B Y M Q A S K I F G L L Q U
R A P I L U T K Y S I A D A A M
E I V Q S P E K J S W M I O Q U
V V U Z V C P Y C U J N H P S C
A O O D F S O D X S S A C H M A
P L U M E R I A T T W E R O O X
A G A R D E N I A I C N O T X A
P A S S I O N F L O W E R I F R
B Z G L Q K M Q Q V S A Z S S A
H V E N K I I X F G J U I D B T
```

PAPAVER
TARAXACUM
GARDENIA
HELIANTHUS
HIBISCO
AENEAN
CASIA
LILIUM
MAGNOLIA
DAISY

NARCISSUS
ORCHID
PASSIONFLOWER
AGLAOPHOTIS
PETALORUM
PLUMERIA
FLOS
ROSA
TRIFOLIUM
TULIPA

59 - Astronomía

```
L O R G S E C L I P S I S R A T
R U J N A C A E L U M M U R E E
A F N Z T V S S M A M Q D P Q L
D Y Y A E S O F U V S C I L U E
I A X U L N M N I D F G S A I S
A G S N L P S I R L F G C N N C
L A A S E N O R O E T E M E O O
I L Y T S K C L T P P C R T C P
S A B U P F D V A X Z U B A T I
D X X A I S R E V I N U S Z I U
I I U N I F E G R T E R R A U M
X A A O H U T B E P I E J J M A
W A W R P W P B S J Q L R Y H H
X D U T J H G Y B M D C U U P K
X K X S U G O L O R T S A L C N
F W Z A S T E R O I D E M F P A
```

ASTEROIDEM	LUNA
ASTRONAUT	METEORON
ASTROLOGUS	OBSERVATORIUM
CAELUM	PLANETA
ERUCA	RADIALIS
SIDUS	SATELLES
COSMOS	SUPERNOVA
ECLIPSIS	TELESCOPIUM
AEQUINOCTIUM	TERRA
GALAXIA	UNIVERSI

60 - Tiempo

```
M  U  I  N  N  E  C  E  D  N  C  N  U  N  D  C
U  E  J  M  U  I  G  O  L  O  R  O  H  U  S  H
R  I  R  A  D  N  E  L  A  C  A  R  O  H  Z  B
U  D  J  I  K  Z  U  F  Q  T  S  G  Y  U  M  X
T  D  E  I  D  O  H  H  J  E  M  A  N  E  V  W
U  A  E  Z  T  I  E  E  P  M  G  S  U  K  S  U
F  U  S  L  D  G  E  L  R  L  W  O  K  U  J  J
K  F  Y  M  E  S  Q  S  N  I  A  N  T  E  Y  H
Y  H  J  H  M  L  M  Y  R  U  T  N  E  C  R  E
C  N  N  Z  O  P  A  F  D  M  A  A  N  F  I  R
Q  V  H  S  Y  M  L  W  X  D  A  E  F  Q  O  Y
A  D  M  O  X  H  E  S  M  I  N  U  T  I  S  F
B  F  L  M  I  C  A  N  A  M  I  T  P  E  S  Y
C  C  E  A  N  N  U  A  S  G  B  V  J  I  M  C
I  G  J  W  J  V  E  V  K  E  M  U  A  V  E  X
P  J  V  M  G  W  F  B  V  Z  R  P  T  H  R  I
```

NUNC	HODIE
ANTE	MANE
ANNUA	CRAS
ANNO	MERIDIES
HERI	MENSE
CALENDAR	MINUTIS
DECENNIUM	NOCTE
DIE	HOROLOGIUM
FUTURUM	SEPTIMANA
HORA	CENTURY

61 - Paisajes

```
K  S  D  F  R  N  U  L  U  C  P  A  P  G  M  O
U  Z  X  L  S  E  R  A  M  O  P  E  E  L  K  G
H  E  S  U  L  V  X  U  D  N  E  S  I  A  T  E
C  L  K  M  P  A  L  U  S  V  N  T  I  C  U  Y
A  A  O  E  I  C  U  F  I  A  I  U  L  I  N  S
E  N  T  N  B  N  K  E  S  L  N  A  A  E  D  E
B  U  R  A  U  L  S  Y  A  L  S  R  C  R  R  R
B  C  E  Z  R  R  T  U  O  I  U  I  U  M  A  V
W  A  S  F  F  A  M  M  L  S  L  U  S  Q  V  O
W  L  E  B  S  R  C  E  U  A  A  M  O  Z  B  L
J  Q  D  A  T  T  J  T  I  C  E  B  E  R  G  C
O  Z  V  X  B  F  Z  N  A  Q  J  H  M  N  S  A
F  M  W  K  S  H  K  O  Q  N  L  D  R  H  M  N
B  H  O  B  J  I  R  M  S  W  O  C  K  Y  V  O
S  J  B  Y  T  Z  I  M  W  T  X  V  U  I  B  Q
T  P  L  U  S  L  Q  V  U  R  Z  K  N  X  D  G
```

CATARACTA	MARE
CAVE	MONTEM
DESERTO	OASIS
AESTUARIUM,	PALUS
GEYSER	PENINSULA
GLACIER	BEACH
ICEBERG	FLUMEN
INSULA	TUNDRA
LACUS	CONVALLIS
LACUNA	VOLCANO

62 - Días y Meses

```
F E B R U A R Y D N B L W J M G
N V W Q A N N O B O M X X Q O C
J U N E S N E M Q J M S Q Y N E
S E P T I M A N A U S I V E D G
Q X I J O V I S A L L R N U A O
H N D N I Y R I L Y A E L I Y W
S G V C K Y Q L I A U N Z X C Y
U D V M Q O B I Q H G E V S M A
N O V E M B E R U T U V H I A D
J O X L E X N P A V S X X H R S
X A V B P G V A M D T Q A B T E
O U N Z G X C J S M N U G C I N
F B U U R E B M E T P E S U S D
L M D W A K L A V I J V L W V E
I B W S E R L K S O U R Y A O W
L L S M W Y Y A D R U T A S C L
```

APRILIS	MONDAY
AUGUST	MARTIS
ANNO	MENSE
CALENDAR	WEDNESDAY
DOMINICA	NOVEMBER
JANUARY	ALIQUAM
FEBRUARY	SATURDAY
JOVIS	SEPTIMANA
JULY	SEPTEMBER
JUNE	VENERIS

63 - Biología

```
P S B E M O S O M O R H C E O C
L Y A R U T X G W B S J Q N S O
A N C R T R E G P Q T Y W Z M L
N A T R A A S H Z X I P L Y O L
T P E E T O B Y L I W W H M S A
I S R P I S D A P I B U S E I G
S E I T O I W H W B D U E A S E
C O A I N S N A T U R A L I S N
R E Q L I O Y R B M E K R M I O
B U L E S I H O R M O N E O T R
X H K L O B R L L V C K D T U U
Z N I L A M M A M L N O G A R E
I I N D Y Y L Q T U L I H N R N
N E R V U S U S S E R G E A R P
X U Q L X O V O L Q Y Y F O F G
E F Z O R W V C T R Z D S S X P
```

ANATOMIA
BACTERIA
CELL
COLLAGEN
CHROMOSOME
EMBRYO
ENZYME
PRAEGRESSUS
HORMONE
MAMMAL

MUTATIONIS
NATURALIS
NERVUS
NEURON
OSMOSIS
PLANTIS
DAPIBUS
REPTILE
SYMBIOSIS
SYNAPSE

64 - Jardinería

```
X F F Y J P N E M O N Y G P G M
E H O S E W Z T D T H X F J V E
O X I V Z R P D P U A S R Z T P
C R O M U M B L V L L U R V H V
O F C T E U X Y O N Z I B I L T
N L I H I C A E L I P V S O L F
T O F R A C F L O R A L I B U S
I R R J N R R Y S F U Y B J M U
N E O R I K D R H K Q E O I T C
E B N M M U I L O F A S T G Z R
N I D J E H P H G I P A P R E
S T E T S Z J Z Z V P E N N N T
A D I P I S C I N G D C I N B S
D L C F D U X K G A Y I C P I K
S Y M F E V M K L L X E A R H W
F B Q X S R E I R V Y S T M Y V
```

AQUA
BOTANICA
CAELI
EDULIS
STERCUS
CONTINENS
SPECIES
ADIPISCING
EXOTIC
FLOREBIT

FLORALIBUS
FRONDE
FOLIUM
ORCHARD
UMOR
HOSE
FLOS
SEMINA
LUTO
SOLO

65 - Barbacoas

```
T U S L N Y L A S E M A F L A F
W O S W F D U D I H S E S P E R
R H M H R U D P O T E N T I S U
C V A A Y Q O N Y T T P W U T C
I Q L E T N S I C I M A E O A T
J P U H D O W B V P V N E C T U
W A C G N W E H T R R Q S A E S
Q Z I G P L F S B A K T Z N Q Y
W A T K B A Y L B N F I L I I N
A P A M U J P V Z D A C U M G O
U Y R Y Y L I A A I C I B U M G
N K C A T D X P O U H S Z G U W
F Q H S C A I L I M A F N E L E
C A L I D U M C K P C W S L L E
M U S I C A B D B F E I G I U B
C O N D I M E N T U M R M N P T
```

AMICIS	MUSICA
CALIDUM	FILII
CEPE	CRATICULAM
PRANDIUM	PIPER
CIBUM	PULLUM
POTENTI	SAL
FAMILIA	CONDIMENTUM
FRUCTUS	TOMATOES
FAMES	AESTATE
LUDOS	LEGUMINA

66 - Ropa

```
C E N A L L U N G E S U O L B J
X A S D Z G G Q E A P G W W W A
D M E D Y M A L H C N E C U T C
C A E S J C R B V C C F M Z W K
H I W A T A O C D A N J P Q N E
L L N P W U B H T R I H S I H T
H A T G N M S M I B E L A D V M
E D B Q U A Z F B E P X M E E G
I N Z Y T L N O I D X M A C M X
F A Y E I L U X A J G R J V O H
C S Q M B I X M L G E V A X N V
J Q N Y A M P S I G I W P L I I
P A O X H R E T A E W S E U L O
G D P J N A S S C R J E L L E K
S M N R G U V T Z O O L K L R O
L A C I N I A U H M Q K R R S Y
```

COAT
BLOUSE
CHLAMYDEM
TIBIALIA
SHIRT
JACKET
CINGULUM
MONILE
LACINIA
CAESTUS

JEWELRY
MORE
BRACCAE
PAJAMAS
ARMILLAM
SANDALIA
HAT
SWEATER
HABITU
NULLA NEC

67 - Meditación

```
X F S W Q Z D K B S Y L T X O A
W G R A L T Z Y D D M E N S C C
X Z W H B H Q Y N B S E P Y U C
Y H G R Q V C L Q O N M C X Z E
M I S E R I C O R D I A M A N P
N A T U R A I T A R G X W C P T
S I L E N T I U M K N V O L A I
T R A N Q U I L L I T A S A F O
S G V M A R E P O E H H D R F M
T S E N O I T A T I G O C I E E
A E N O I T A V R E S B O T C N
T O M H B T U E P N K N K A T T
U J J Z P R X S N A R I P S U I
R P R O S P E C T U M A N V S S
A B P K M I S E R I C O R D I A
M X D T R E M U S I C A E X R F
```

ACCEPTIO	MOTUS
OPERAM	MUSICA
MISERICORDIAM	NATURA
TRANQUILLITAS	OBSERVATIONE
CLARITAS	PACEM
MISERICORDIA	COGITATIONES
AFFECTUS	PROSPECTUM
GRATIA	STATURAM
MENTIS	SPIRANS
MENS	SILENTIUM

68 - Libros

```
A E A Z E Q H S U E V E T E D D
Y D M T G O R A T X E T N O C U
C W S C A R M I N A R N V S A A
Q A C D P O M G U U B O X U U L
E C S F A B U L A C A V L S C I
P I F U W P R B D C A E A O T T
N R G Z S E A Q B X T R J I O A
C O S S J R R X M W F L M N R T
O T E F V T E E W I L G Z E J E
L S R P B I T C C T G G D G N M
L I I I S N T K M R W W L N U L
E H E N G E I C I G A R T I V H
C M S H S T L Z R H G Y B X K T
T O Z Q A X G L R L E C T O R S
I D O M S U J U H B S W G B M K
O V Z S C R I P T U M S N O T M
```

AUCTOR
CASUS
COLLECTIO
CONTEXT
DUALITATEM
SCRIPTUM
FABULA
HISTORICA
HUJUSMODI
INGENIOSUS

LECTOR
LITTERARUM
NOVE
VERBA
PAGE
PERTINET
CARMEN
CARMINA
SERIES
TRAGICI

69 - Los Medios de Comunicación

```
N D I V U L G A T I O N I S E C
P E N I L N O I D A R M C Y V O
U H T U Q Y C W U E Z L O C I M
B G L W S I N G U L I S V Z V M
L W X V O N P U D U Q E O G I U
I X R X H R R I R O U D R H A N
C K P S H T K S S E N I G A M I
A M D Q Y I Y E F V Z R P H T C
Z B P L W I S N D P M E O N F A
O Q E K B A R T I M M M K J R T
E D I T I O N E V E Z E X L G I
F S U M P T U N C P U H Y Q Q O
H A B I T U S T N Z Y P G A M E
D I G I T A L I C Z S E U C S P
S Z G N Y H Q A I R T S U D N I
T A B U L A E E D U C A T I O N
```

HABITUS
TABULAE
COMMUNICATIO
DIGITAL
EDITION
EDUCATION
ONLINE
SUMPTU
IMAGINES

SINGULIS
INDUSTRIA
LOCI
SENTENTIA
EPHEMERIDES
PUBLICA
RADIO
NETWORK
DIVULGATIONIS

70 - Nutrición

```
F M C Y H E P V C Y Y H C E E A
R O H V C L O I O Q L Q O X B D
D I E T N S N T N D X U N G J I
A N C K F S D A C P R A D V S P
P K A H D A U M O F E L I L A I
P K R T M N S I C F D I M Q L S
E L B L U U H N T H S T E L U C
T X O S T K U I T F A N S T I I
I X H R A N I M O O E S T U E N
T T Y H R P J H N X R P U L M G
U S D A B K O X E I M C M G P Z
S E R B I T R R M N E C I B U S
W R A I L N V Q E Y N A M A R A
J V T T P L U I H M T O M C Y C
J O E U E D U L I S U N C H E S
H O S S D D W W S V M Y H T C J
```

AMARA	HABITUS
APPETITUS	CIBUS
QUALITAS	PONDUS
ADIPISCING	SERVO
CARBOHYDRATES	SAPOREM
EDULIS	CONDIMENTUM
DIET	SALUTEM
CONCOCTIONEM	SANUS
LIBRATUM	TOXIN
FERMENTUM	VITAMINUM

71 - Edificios

```
O  I  I  L  H  Y  T  I  S  R  E  V  I  N  U  J
X  X  I  D  O  C  H  R  G  Y  M  Q  S  R  P  V
R  M  O  J  S  V  E  H  W  P  A  V  X  F  M  N
D  U  I  S  P  G  A  H  O  R  R  E  U  M  L  N
Q  R  C  I  I  B  T  L  N  G  E  B  Y  U  E  U
W  O  I  R  T  N  R  S  O  V  M  T  R  R  G  L
R  F  P  R  A  V  U  V  H  H  A  T  W  T  A  L
B  G  S  U  L  K  M  R  A  F  C  J  L  S  T  A
Z  C  O  T  I  B  U  S  G  K  C  S  W  A  I  N
Q  W  H  E  S  P  E  H  O  T  E  L  S  C  O  L
W  L  E  I  U  G  S  X  G  H  O  R  J  S  N  V
Y  G  F  W  J  U  U  N  D  A  A  V  M  X  E  I
B  V  P  L  M  O  M  R  F  Z  R  U  L  P  M  M
V  S  G  D  Z  B  Y  R  O  T  C  A  F  N  N  A
S  T  A  D  I  U  M  F  J  Z  H  A  G  X  Q  W
O  B  S  E  R  V  A  T  O  R  I  U  M  E  K  Z
```

HOSPICIO	FARM
DUIS	HOSPITALIS
CAMERAM	HOTEL
CASTRUM	NULLA
LEGATIONEM	MUSEUM
SCHOLA	OBSERVATORIUM
STADIUM	FORUM
FACTORY	THEATRUM
GARAGE	TURRIS
HORREUM	UNIVERSITY

72 - Océano

```
E N O C S P Z G K C C S O V H I
A U F D O L U W B A E S T U S Q
X J I U K R A H S E T U N A I O
G O S M I V A N Q R I O O N F B
T D N Q A P X L H T H K G E Y M
W I T M U N T P V S G Q M L L E
N U N C F I J Q P O A P Z A L L
P I S C E S L M L I S A L B E R
W I E A E L O L L X U P C U J F
W G K I R U G C A Q P S A P I B
D A N G U I L L A G Y B T D F W
J Q T N C A N C E R L L J D P R
N O A O K Z M D C B O A Y N A N
T E M P E S T A S S P V C I Q F
N X D S D E L P H I N I C B W G
O B B V Q C T U R T U R Z E K D
```

ALGA
ANGUILLA
REEF
TUNA
BALENA
NAVI
SQUILLA
CANCER
CORAL
DELPHINI

SPONGIA
AESTUS
JELLYFISH
OSTREA
PISCES
POLYPUS
SAL
SHARK
TEMPESTAS
TURTUR

73 - Ciudad

```
K P V W S S L M K B E N P X E Y
N O V V E M V Y H Y C M B S L X
G A L L E R Y E A A S R C C I B
F L K Y A M E T V F A I A B T M
V O A P H W B P E U W P S A W W
G H R M S A O F D I E A U F H E
M C E U Q O B L A J X M L G E S
E S H I M B M M G L O N Z Q H F
G T Z D U O U N I V E R S I T Y
E R L A E O N I I N R T J U S Z
T U I T S K I G P R O V O O I I
S D B S U S R B C U T C Q H R E
K M R X M T T V D N S D H M O G
S M A C G O S C M N P J F A L X
W X R S U R I A T Q U I O H F W
N M Y A R E P T H E A T R U M Y
```

ELIT
RIPAM
LIBRARY
CASU
EGET
SCHOLA
STADIUM
ATQUI
FLORIST
GALLERY

HOTEL
BOOKSTORE
MUSEUM
PISTRINUM
AMET
FORUM
THEATRUM
STORE
UNIVERSITY
EXO

74 - Agronomía

```
N A S E X E L E G U M I N A M U
S I G N U L L A M X N K R Y U Z
S G B R O I T U L L O P H Q T A
E O X S I T N A L P M Q C M N B
M L D T T C R Z T O Y R I D E M
I O M D C L U L F T R V J S M T
N C Y X U K O L E F Q G C D G D
A E E R D D I Z T S Q Z A G U B
I O U I O Y O R Q U K V I N A W
E I A A R T A R O C R E T S I I
G T L Q P X R B D I R A N R D C
Y A P M U Y I A O T L T E T C I
C R G X Y A H W G S S A I I R P
O V L E S T U D I U M B C W H M
M O R B I P G D G R D R S I Q H
V E S T I B U L U M N F S Z A P
```

AGRICULTURA
AQUA
SCIENTIA
POLLUTIO
AUGMENTUM
OECOLOGIA
VESTIBULUM
MORBI
EXESA
STUDIUM

STERCORAT
IDEM
ORGANIC
PLANTIS
PRODUCTIO
RUSTICUS
SEMINA
RATIO
NULLAM
LEGUMINA

75 - Deporte

```
Z  P  C  S  C  W  P  Q  C  M  I  Q  Y  Y  S  R
J  A  O  K  B  B  Q  Y  J  S  U  P  R  O  C  T
C  T  D  B  R  V  H  T  D  X  U  S  B  R  W  V
O  I  U  F  Y  Z  B  N  V  M  K  H  C  V  X  N
M  E  T  A  T  L  U  C  A  F  B  S  D  U  H  O
G  N  I  T  Y  A  U  F  L  C  G  U  E  R  L  O
A  T  T  K  L  D  V  X  F  C  F  I  N  I  S  I
T  I  R  B  Z  U  S  Q  N  E  H  G  J  A  I  M
H  A  O  S  A  L  U  T  E  M  M  O  R  A  D  C
L  D  F  E  R  A  E  D  A  S  S  O  R  V  U  Y
E  F  X  O  L  M  T  V  V  F  O  A  N  U  L  C
T  M  E  N  O  I  T  I  R  T  U  N  L  A  M  L
A  U  J  C  N  Q  T  V  S  T  Y  O  G  D  O  I
M  E  T  A  B  O  L  I  C  A  E  R  H  I  A  N
E  X  T  E  N  D  E  N  S  S  I  C  S  E  G  G
M  A  X  I  M  I  Z  E  Z  U  B  P  H  T  B  C
```

ATHLETA	OSSA
CHORUM	MAXIMIZE
FACULTATEM	FINIS
CYCLING	METABOLICAE
CORPUS	MUSCULI
LUDIS	NUTRITIONEM
DIET	ELIT
RAEDA	PATIENTIA
EXTENDENS	SALUTEM
FORTITUDO	

76 - Actividades y Ocio

```
P  J  Z  S  S  J  T  T  G  A  M  E  T  F  R  B
I  I  H  X  E  B  A  R  C  R  I  U  Q  E  S  A
N  H  S  B  O  X  I  N  G  U  S  Q  N  B  E  S
S  A  N  C  V  K  L  A  H  T  S  I  T  T  C  E
U  O  T  T  A  U  A  J  A  C  I  T  J  I  I  B
P  E  A  A  H  N  J  I  K  I  N  S  G  H  R  A
E  G  U  F  N  K  D  C  G  P  G  I  U  O  T  L
R  Q  Q  K  E  T  K  I  C  U  I  R  S  F  L  L
F  P  E  R  F  C  E  I  A  Q  D  T  I  W  U  F
I  E  S  E  E  Y  Z  S  S  E  I  B  B  O  H  M
C  Y  N  M  J  D  R  I  T  T  R  A  V  E  L  W
I  T  O  F  K  Z  J  G  R  A  N  I  V  L  U  P
E  N  C  D  X  J  P  E  A  K  S  E  Y  P  N  B
S  N  U  P  R  U  E  S  O  G  T  X  R  H  C  S
G  A  R  D  E  N  I  N  G  T  J  H  H  O  C  R
I  B  M  D  U  X  L  X  C  Z  J  H  F  J  K  H
```

HOBBIES	GARDENING
ES	NATANTES
ULTRICES	PISCANDI
BASEBALL	PICTURA
BOXING	AMET
CONSEQUAT	SUPERFICIES
CASTRA	TRISTIQUE
DIGNISSIM	TRAVEL
GOLF	PULVINAR

77 - Ingeniería

```
S  C  E  V  S  A  B  K  M  J  X  J  L  B  F  Z
D  I  A  M  E  T  P  Z  N  D  L  X  X  N  O  R
I  C  X  U  U  S  A  P  H  D  J  G  V  P  R  N
U  O  L  D  Q  U  T  B  A  Y  Q  N  M  E  T  O
Q  N  V  N  S  L  Z  I  I  R  F  G  D  Q  I  W
I  S  C  U  E  U  M  G  B  L  A  F  R  J  T  D
L  T  A  F  T  G  H  J  U  U  I  T  P  L  U  U
F  R  L  O  N  N  X  P  U  I  L  T  U  Z  D  F
U  U  C  R  E  A  U  W  D  M  S  U  A  S  O  K
D  C  U  P  L  V  E  C  T  I  U  M  M  T  V  S
I  T  L  Y  L  S  T  R  U  C  T  U  R  A  E  L
A  I  U  W  E  S  F  D  J  T  O  Z  A  M  F  M
G  O  S  Z  P  Z  N  S  H  O  M  I  J  U  N  O
R  N  D  I  S  T  R  I  B  U  T  I  O  U  V  K
A  E  B  S  H  N  A  X  U  K  O  M  O  T  O  R
M  A  U  Q  I  L  A  A  E  P  D  D  L  H  W  Z
```

ANGULUS	STRUCTURA
CALCULUS	FORTITUDO
CONSTRUCTIONE	LIQUID
DIAGRAM	APPARATUS
DIAM	ALIQUAM
PELLENTESQUE	MOTOR
DISTRIBUTIO	MOTUS
AXIS	VECTIUM
VESTIBULUM	PROFUNDUM
STABILITATEM	

78 - Comida #1

```
P P T B X Y P A Y M S U C U A D
N N N R E N W J H F E U S L P H
E L I T G H R G A D M U G A R F
B A K X D N T H X L U I H X A J
D S R A S S P I N A C H H P G N
L M O E R D E S U R P N Y X U V
P I R U M X G Q Y E P E C O S T
E E B P V J M A P A R N C A O U
U L S I U R G L S O P I A G X N
S E U U B P Z L S S X K L E L A
I M L Z I M I I A U J D Q Y H J
T O U R R L N U K S C P Z U B F
N N P H T N I M M I G U R P U T
Q T A Q C U X S E R B V S H K V
B Q C Z P I E Z A H O R D E U M
R K F D L G W C I B U M B J L E
```

ALLIUM	FRAGUM
BASILIUS	SUCUS
TUNA	LAC
SUGAR	LEMON
CAPULUS	MINT
CIBUM	RAPA
HORDEUM	PIRUM
CEPA	SAL
SEM	ELIT
SPINACH	DAUCUS

79 - Antigüedades

```
S  M  I  S  S  I  N  G  I  D  Y  W  F  K  A  P
S  A  N  N  U  V  E  T  U  S  S  F  A  F  B  R
J  R  U  I  D  P  A  J  Q  K  S  J  N  V  J  E
C  E  L  O  E  S  E  P  G  I  W  P  A  E  S  T
C  V  L  C  C  W  O  L  C  S  T  B  T  O  E  I
G  Q  A  J  A  A  T  I  L  O  S  N  I  M  L  U
B  A  M  O  D  O  E  D  P  E  T  R  C  S  E  M
C  T  L  T  E  V  B  P  E  H  C  Z  U  O  G  V
E  L  F  L  S  Q  P  I  L  K  B  T  S  P  A  B
N  L  V  Z  E  B  F  I  P  Q  Q  V  I  Z  N  U
T  Y  Q  H  L  R  W  R  H  D  Y  K  X  L  S  Z
U  A  D  D  Y  C  Y  R  L  E  W  E  J  V  E  A
R  R  E  S  T  I  T  U  T  I  O  N  E  M  A  M
Y  Y  X  D  S  Q  U  A  L  I  T  A  S  U  W  N
T  W  Y  N  X  Q  R  P  I  C  T  U  R  A  E  P
Q  X  Y  C  O  N  D  I  T  I  O  Z  C  S  C  O
```

ES	INSOLITA
VERAM	DIGNISSIM
QUALITAS	JEWELRY
CONDITIO	COINS
NULLAM	SUPELLECTILEM
DECADES	PICTURAE
ELEGANS	PRETIUM
FANATICUS	RESTITUTIONEM
STYLE	CENTURY
GALLERY	VETUS

80 - Literatura

```
M  T  K  Y  T  D  G  K  K  D  G  A  V  Q  E  X
E  M  O  C  B  O  D  U  T  I  L  I  M  I  S  L
T  O  T  A  O  I  S  J  Z  A  T  I  V  Y  I  G
A  I  I  B  D  N  T  J  N  L  L  D  C  T  Z  Z
P  S  M  B  N  T  D  L  O  O  A  L  N  F  O  H
H  U  N  Y  F  O  O  O  I  G  R  N  E  W  P  Q
O  L  R  D  V  U  V  C  T  U  G  H  L  B  R  T
R  C  E  R  Y  X  I  E  P  S  U  Z  Y  B  A  L
A  N  A  U  C  T  O  R  I  Q  M  A  T  C  I  F
C  O  N  C  O  R  D  A  R  E  E  L  S  N  T  T
G  C  E  Y  I  U  O  B  C  Q  N  O  R  U  N  W
N  S  M  V  W  T  A  E  S  F  T  H  E  M  E  Y
V  K  R  L  S  C  E  G  E  R  U  K  L  E  T  Y
C  Y  A  H  T  F  W  O  D  X  M  B  N  R  N  W
B  Y  C  S  E  Q  T  D  P  W  X  X  I  O  E  E
Z  A  N  A  L  Y  S  I  S  X  K  H  L  Q  S  N
```

SIMILITUDO	FICTA
ANALYSIS	METAPHORA
FABELLA	NOVE
AUCTOR	SENTENTIA
VITA	CARMEN
CONCLUSIO	POETICA
DESCRIPTION	CONCORDARE
DIALOGUS	NUMERO
STYLE	ARGUMENTUM

81 - Química

```
V E S T I B U L U M Z A M P M A
D A V H D R C H X Q K C D O Z J
N U C L E A R O L O D I N N D R
M A L U B D J N A Q R D O D G M
E L I V E Z L A H D H U R U Y F
T K Q T O R T O R M A M T S G K
A A U H S Y L I H C R U C U T W
L L I S X P K D O L U C E L O M
L I D E N F S D Q N H P L Q S Z
I N C O N S E C T E T U E R P W
S E B Y H R E A C T I O N E M S
O Y N O T C H M F P T S J Y C A
M X K C F M A P Y W O M T B A L
B N D R C Q P L B Z O U C J R T
C A T A L Y S T O H N H Y D B L
C O N S E Q U A T R I E M J O D
```

ALKALINE	ION
ACIDUM	LIQUID
CALOR	METALLIS
CARBO	MOLECULO
CATALYST	NUCLEAR
CONSEQUAT	DOLOR
ELECTRON	PONDUS
ENZYME	REACTIONEM
VESTIBULUM	SAL
CONSECTETUER	TORTOR

82 - Gobierno

```
A E Q U A L I T A S I C A P B L
D I S P U T A T I O N E M G Q I
G U D N N V R R B Q H A S F T B
C E T Y U M U L O N M N P Z M E
O F N X L T I N E B C H V E Q R
N M D S L U K A F X F D C Z J T
S E C D A I U D I C I A L I S A
T M H K M G D M Z M C C B T B T
I K E C I V I L I S D I J A V E
T O I T A R O A M Y I T B D H M
U Q S T A T U S O G D I F H Z P
T P B D Z T T H J L M L E L F M
I Y M R Z A I T A R C O M E D D
O M U T N E M U N O M P N Z U H
I U S T I T I A I D U X Y F J S
S I G N U M J M X C N P K B G S
```

CIUITATEM
CIVILIS
CONSTITUTIO
DEMOCRATIA
IURA
ORATIO
DISPUTATIONEM
NULLAM
STATUS
AEQUALITAS

IUDICIALIS
IUSTITIA
LEX
LIBERTATEM
DUX
MONUMENTUM
GENS
PACIS
POLITICA
SIGNUM

83 - Creatividad

```
V  I  U  F  A  R  T  I  S  A  U  V  U  I  R  T
I  N  A  L  C  D  N  Q  S  I  D  V  M  E  K  R
T  T  Q  U  W  L  N  M  E  T  F  N  N  K  Y  A
A  E  S  I  T  D  A  E  N  A  T  N  O  P  S  G
L  N  J  D  X  O  H  R  O  F  S  M  J  F  U  I
E  S  G  I  D  B  U  N  I  H  M  H  F  G  I  C
P  I  F  T  N  X  N  S  S  T  T  L  F  R  A  U
O  O  G  A  M  I  Y  Z  I  A  A  P  Y  W  T  S
I  N  F  T  I  Z  B  J  V  H  R  S  X  F  E  U
S  E  E  E  A  W  L  H  N  P  H  T  M  Z  X  T
S  M  K  M  U  T  I  U  T  N  I  N  E  Z  L  C
E  E  G  I  M  P  R  E  S  S  I  O  N  E  M  E
R  A  N  S  I  N  S  P  I  R  A  T  I  O  G  F
P  K  B  S  M  U  T  A  T  O  W  U  U  R  G  F
X  V  K  S  U  S  O  I  N  E  G  N  I  M  K  A
E  M  G  W  T  M  I  M  A  G  I  N  A  T  I  O
```

ARTIS
MUTATO
CLARITAS
TRAGICUS
AFFECTUS
SPONTANEA
EXPRESSIO
FLUIDITATEM
ARTE
IMAGO

IMAGINATIO
IMPRESSIONEM
INSPIRATIO
INTENSIONEM
INTUITUM
INGENIOSUS
SENSUM
VISIONES
VITALE

84 - Filantropía

```
M P G L B L R N A C I L B U P C
U E G S W I Q A I R O T S I H O
T A T R U B Q D Q H N E I W G M
A S R A J E C N A N I F T S R M
D L V S S R V C U H M M A U R U
Z N W L Q A J W T M K I T T S N
G V U M I L P L W U U S I C I I
F I L I I I X O P X R S N A N T
Q C U D P T S W P O U I A T E A
L V Z U E A E K H U B O M N V S
O P U S C T D A P F L K U O U R
D X E C U E M I Z W D U H C I B
S I S S N S L B O S O E S A U J
F V P B I W H O N E S T A T I S
X Z W K A P R O G R E S S I O U
U V R I D A U M T R L O N S P R
```

COMMUNITAS

CONTACTUS

DATUM

FINANCE

PECUNIA

LIBERALITATE

POPULUS

COETUS

HISTORIA

HONESTATIS

HUMANITATIS

IUVENIS

METAS

MISSIO

OPUS

FILII

PROGRESSIO

PUBLICA

85 - Clima

```
D I A S Q F U L G U R A L O P P
S I C C U M N S A T S E P M E T
J G Z E R E U U I C A C I W F Q
X X O B F U B T S V I I U R X R
N M E H E I E N E N I P C K K C
C A E L U M S E T Q O T O H D A
Y Q P N W I Z V E D L O B R E L
U Z Q V M T O R T O R N R S T I
B H B G A M S G Z F Z I U I J G
C A E L I U Q X B C I T T C T O
Z L L D W I R Z F F I R N C F C
T F O V U V Q A A Y O U W I D R
Z Y Y P P U S E S E U A I T S U
V H T E A L L E C O R P N A X G
Y H X X W I Q O Q A E I C T O Z
I H C E V D C H E G F S S E E Y
```

AERIS   POLAR
AURA   FULGUR
CAELUM   SICCUM
CAELI   SICCITATE
ICE   TORTOR
PROCELLAE   TEMPESTAS
DILUVIUM   TURBO
ETESIA   TROPICAL
CALIGO   TONITRUA
NUBES   VENTUS

86 - Comida #2

```
T  M  Y  D  D  O  T  M  H  X  J  C  A  N  W  Z
M  R  V  O  H  D  U  I  L  W  D  A  X  S  M  F
X  E  I  N  A  H  O  P  K  U  L  C  H  D  R  F
P  M  E  T  N  A  L  I  G  I  V  T  E  Y  Q  V
H  A  U  W  I  X  Y  F  Y  V  P  U  L  C  R  P
C  Z  N  A  X  C  W  B  P  K  H  S  I  W  I  K
U  Z  W  E  X  U  U  B  S  Y  J  L  A  G  C  R
K  R  D  R  M  I  L  M  L  D  W  Z  N  I  E  P
N  B  P  S  K  H  M  U  L  L  U  P  T  N  R  I
C  A  S  E  U  S  A  V  K  U  P  G  H  G  A  S
Y  U  E  L  U  R  N  O  R  S  H  P  U  I  S  C
O  I  L  P  V  O  G  A  P  I  U  M  S  B  U  E
G  G  Z  P  A  X  O  S  G  L  U  Q  J  E  S  S
U  U  V  A  E  G  G  P  L  A  N  T  O  R  G  V
R  C  S  C  E  L  E  R  I  S  Q  U  E  B  U  B
T  O  C  T  B  N  R  F  E  A  E  C  V  X  O  L
```

CACTUS	KIWI
VIGILANTEM	MANGO
APIUM	APPLE
RICE	PANEM
EGGPLANT	PISCES
CERASUS	PULLUM
SCELERISQUE	CASEUS
HELIANTHUS	TRITICUM
OVUM	UVA
GINGIBER	YOGURT

87 - Diplomacia

```
P I T R A C T A T U S I C C E D
U O N E M A T R E C N M O O T I
P E L T J P C R A Z Z P O M H S
B N E I E L D Y Y I Q E P M I P
A N C D T G I M F U W R E U C U
M E T A T I R U C E S I R N O T
O V F A D S C I S A S U A I R A
A Y R O T C U A T T G M T T U T
R E S O L U T I O A I C I A M I
S M U G E D B W Q T T O S J O
O H T Z Q K I J T A N E I L A N
L E A Z W A A T T E I Z O A S E
U L G H U M A N I T A R I A N M
T M E N O I T A G E L C P Z L C
I M L D I P L O M A T I C A E N
O T U X N I N L I N G U I S T Q
```

AUCTOR
COMMUNITAS
CERTAMEN
COOPERATIO
DIPLOMATICAE
DISPUTATIONEM
LEGATIONEM
LEGATUS
ALIENA
ETHICORUM

IMPERIUM
HUMANITARIAN
LINGUIS
INTEGRITATE
IUSTITIA
POLITICA
RESOLUTIO
SECURITATEM
SOLUTIO
TRACTATUS

88 - Herbistería

```
P B S I D I R I V B C U X Y D P
C E A I P L G Z E N U Z A X S U
R F T Y B A X F N N J F P T U I
O A I R S P H V V Q X K V N I Q
C E L A O G C J U N O M H K L D
U N A N P S N E I D E R G N I M
S I U I S U E D D B Z R C M S U
A C Q L U T Q L A A M T T P A C
K U Q U N R T N I M X S N I B I
C L M C I O C A H N Q Z W Z Q T
U I U C R H U I R M U H T E N A
O R I G A N I S D R V M W Y W M
Q U L B M R K A V Q A D Q B F O
N Y L D S K V C N I N G U P L R
E R A R O P L A N T A T O M O A
E R W D R S A P O R E M X N S N
```

ALLIUM
BASILIUS
AROMATICUM
CROCUS
QUALITAS
CULINARY
ANETHUM
TARRAGON
FLOS
FAENICULI

INGREDIENS
HORTUS
CASIA
ORIGANI
MINT
PETROSELINUM
PLANTA
ROSMARINUS
SAPOREM
VIRIDIS

89 - Energía

```
S  U  T  N  E  V  N  Z  U  E  T  L  Q  Q  F  U
R  O  T  O  M  G  V  R  H  E  U  E  E  U  A  L
N  Q  L  J  S  W  C  R  B  U  R  O  L  A  C  T
U  I  O  K  W  C  P  E  K  Q  B  B  L  I  S  R
C  K  V  K  Y  U  V  U  S  S  I  R  J  R  E  I
L  B  K  O  S  F  J  T  F  E  N  A  V  T  L  C
E  L  D  W  D  S  P  E  N  T  E  C  X  S  B  E
A  J  E  L  F  J  N  T  L  N  S  O  C  U  A  S
R  D  W  A  G  D  J  C  K  E  R  J  Y  D  W  T
O  G  B  F  Y  R  M  E  W  L  C  K  P  N  E  P
P  G  T  C  I  R  J  S  A  L  I  T  O  I  N  N
A  N  Z  M  N  A  O  N  L  E  Y  X  R  C  E  B
V  Q  L  E  N  O  T  O  H  P  M  N  T  O  R  F
C  A  N  A  H  Y  B  C  Q  G  Z  U  N  F  N  B
B  P  Q  G  A  S  O  L  I  N  E  R  E  J  J  B
O  P  U  G  N  A  B  P  O  L  L  U  T  I  O  V
```

PUGNA	GASOLINE
CALOR	CONSECTETUER
CARBO	INDUSTRIA
ESCA	MOTOR
POLLUTIO	NUCLEAR
PELLENTESQUE	RENEWABLE
ELECTRON	SOL
ULTRICES	TURBINE
ENTROPY	VAPOR
PHOTON	VENTUS

90 - Insectos

```
D C O G R I L L U S P L U V F K
R N I F Y W O J R C A L T O L O
A C S C R A C Y Y K P R E N S F
G R V B A Q W T N O I I R S A J
O F I E S D P S K T L K U V U Y
N Z G P E X A T N I I X S O M O
F A K L H I L Z J N O Z O Z O N
L T Q F N V A G D E T I M R E T
Y E E Q G I S G L A T S U C O L
L X E L U C B L A T T A M X E A
U V I Q B W T C E V X P B Z N I
R T R S Y V E R M I S I T N A M
A P H I D A I O B W G Q L D L W
Q Q D P A O J Z Q Q A Z A Y E K
V W X A L X G Q Q C M S O C X S
B E E T L E F Q C H N M P X T K
```

APIS	UTERUS
WASP	DRAGONFLY
APHID	MANTIS
CICADA	PAPILIO
BLATTAM	LADYBUG
BEETLE	CULEX
VERMIS	TINEA
ANT	GRILLUS
LOCUSTA	TERMITE

91 - Especias

```
N O E E C E P A K I R P A P V D
R A M A R A M D X V X S A L A I
C L F P D P E Z A N U R R T N I
W R F L L I R D N A I R O C I N
L G O W B P O T A R P C V G L C
N M P C E E P R P U R U S L L C
S U W G U R A C I D U M C P A S
Y M T E V S S Z G L A N P L W I
D O P M U I L L A I C C U R R Y
U M F U E I L U C I N E A F M S
L A X H L G C W E F H G Q W J F
C J G T E V M X M C H N I C W U
I V O E L T M X O H V Z I B E A
S G Y N T J W A H S P Y W L E X
Q Q X A L I Q U I R I T I A E R
W X B E D R O P E M O V M O G O
```

ACIDUM	DULCIS
ALLIUM	FAENICULI
AMARA	GINGIBER
ANETHUM	NUTMEG
CROCUS	PAPRIKA
AMOMUM	PIPER
CEPA	LIQUIRITIAE
PURUS	SAPOREM
CORIANDRI	SAL
CURRY	VANILLA

92 - Universo

```
H L O N G I T U D I N I S K J L
A O C A S T E R O I D E M A L B
S P R H E M I S P H A E R I O H
C I P I T E L E S C O P I U M T
A D A A Z N U L V K P V Y X H V
I E L Q R O E U T E N E B R A E
M L Q U R E N N K Z P O Z L X A
O V X U S U T A O R B I T A E S
N M A C I M S O C O Z E X T A T
O G D A T N L A T I T U D O E R
R A G E S B O Z O D I A C W R O
T L J L E I Y C W U J H G X I L
S A E U L W U Q T S H I D N S O
A X A M E I Q A S I R A L O S G
F I C E A Q F T Y O U O B D D U
N A P T C G V I J O Y M U P J S
```

ASTEROIDEM
ASTRONOMIA
ASTROLOGUS
AERIS
CAELESTIS
CAELUM
COSMICAM
GALAXIA
HEMISPHAERIO
HORIZON

LATITUDO
LONGITUDINIS
LUNA
TENEBRAE
ORBITA
SOLARIS
AEQUINOCTIUM
TELESCOPIUM
APPARET
ZODIAC

93 - Jazz

```
K  P  E  A  C  Y  D  E  K  N  I  N  Y  W  S  X
B  E  K  R  A  P  B  X  S  T  O  R  E  M  U  N
Q  M  P  T  N  N  X  U  A  Y  I  B  O  R  R  P
T  F  I  I  T  W  T  E  F  M  T  M  I  U  O  R
A  P  N  F  I  Q  I  B  L  P  I  U  M  L  T  X
L  C  E  E  C  C  Q  Z  H  A  S  J  U  O  I  N
E  P  I  X  U  T  R  E  C  N  O  C  S  R  S  S
N  R  A  S  M  Y  I  C  E  A  P  U  I  C  O  U
T  J  Y  T  U  A  R  S  X  L  M  V  C  H  P  N
U  N  U  R  C  M  U  B  L  A  O  U  O  E  M  E
M  F  A  V  O  R  I  T  E  S  C  R  R  S  O  G
X  U  Z  R  B  I  L  Q  L  U  Q  I  U  T  C  P
D  M  V  L  P  D  T  F  Y  T  U  M  M  R  O  S
W  F  S  O  K  U  S  T  T  E  Y  D  U  A  Y  W
G  K  D  A  N  R  B  F  S  V  M  K  M  M  M  B
I  M  P  R  O  V  I  S  A  T  I  O  N  P  B  T
```

ARTIFEX
ALBUM
CANTICUM
COMPOSITIO
COMPOSITOR
CONCERT
STYLE
NOBILIS
FAVORITES
GENUS

IMPROVISATION
MUSICA
MUSICORUM
NOVUM
ORCHESTRA
NUMERO
TALENTUM
TYMPANA
ARS
VETUS

94 - Mediciones

```
U R P M S S E C C P P G C P S A
Y N A U I R T E M A R G E E E G
O G C H Y N Y V E U O P N L X C
H V T I X R U H O O F F T E T C
Y O D R A M V T Z D U K I T A F
V R E T E M O L I K N M M O R Q
D E C I M A L E S S D A E N I E
L A T I T U D O U M U S T M U B
L O N G I T U D O O M S E G M Y
S Q Q G P O N D U S A A R A A T
G J P B R E T I L X R H F E P E
L I N C H A I V L E G V L K P Z
V S X Z X L D Y C Z O G K G M Y
O Z N J W O T U X P L I H O X T
A L T I T U D O S A I P L D S Q
E X X J Q H J N J B K Y V X X T
```

ALTITUDO
LATITUDO
BYTE
CENTIMETER
DECIMALES
GRADUS
GRAM
KILOGRAM
KILOMETER
LITER

LONGITUDO
MASSA
METRI
MINUTIS
UNCIAM
PONDUS
SEXTARIUM
PROFUNDUM
INCH
TON

95 - Barcos

```
P M C Y R I X L K T L W U S Z I
L A E Q L X P N A H J A L R X K
K R Q L V C B U Y C V U J O T V
G E T J V E C V A A U Z R T A M
J X T A E J R M K Y S S I L L
C A N T A V I T G H I S U T K J
Q Q L V N S A Q V K C U Q T D Z
A N C H O R O K F S I T A R N K
N A U T A E N C M I T C J O W B
F I L I N T E R E V U U X P S P
L Y N E P E H O N A A L V S W R
U W M W K B N N U N N F E V I Q
M N G H Y Z T G F T S U T S E A
E B Y Z D P U J I E K M M O O D
N J X V G H L O E N I T S U S N
B I D N H V U I L W E H P M T W
```

ANCHOR
RATIS
SUSTINEO
LINTER
FUNEM
PORTTITOR
KAYAK
LACUS
MARE
AESTUS

NAUTA
ENGINE
NAUTICIS
OCEANUM
FLUCTUS
FLUMEN
CANTAVIT
NAVIS
YACHT

96 - Antártida

```
G F W L S J X R O T R O T A N S
K E C I B H T O I T A R G I M P
M N O W A T L C I J V N R H J E
I O N G Y H J K A V E S B P Q C
N I T N R R P Y K S A N O A E I
E T K R Y A J H C O T E H R Q E
R I L Q E G P K I M N N E G J S
A D M S Y P M H F J E I Z O O A
L E D I H P Y Z I R M T C P X T
I P A X V J Z X T A N N W O C S
B X Q N V I I H N I O O H T C E
U E U W K L Z I E K R C W B L P
S B A L I N Q U I S I T O R E M
I N S U L A E L C B V W F E U E
R X J Q N U B E S H N Y G R F T
P E N I N S U L A I E Q B J B H
```

AQUA
BAY
SCIENTIFIC
TEMPESTAS
CONTINENS
SPECIES
EXPEDITIONE
GEOGRAPHIA
ICE
INQUISITOREM

INSULAE
ENVIRONMENT
MIGRATIO
MINERALIBUS
NUBES
AVES
PENINSULA
ROCKY
TORTOR
TOPOGRAPHIA

97 - Mamíferos

```
T C W S H K T Y C C N M C L X X
C R A F T U M O A H F N N I X D
B X V M U R L Z N A N A O O D N
H E K Y E F F S I N I H P L E D
P I Q U P L H D S O F E L I S K
I A F A U L U E U E V G V C G C
P F N C F X W S U E X E X R A P
B P L T W M G U Q C S W S O F Q
E Y D Z H Q A N E L A B Y S S T
S I M I A E S I T N A H P E L E
F V C F E T R S M A C R O P U S
L E P U S O A A I L Y D S L K B
K G C P U Y O E Z Q P U K U S X
U O L F S O L U P U S S N V G Q
O J Q Q R C Z W S L O K B S W V
T A U R U S L Z E B R A U U P D
```

BALENA
ASINUS
EQUUS
CAMELUS
MACROPUS
ZEBRA
LEPUS
COYOTE
DELPHINI
ELEPHANTIS

FELIS
ORCI
PANTHERA
LUPUS
SIMIA
URSUS
OVES
CANIS
TAURUS
VULPES

98 - Boxeo

```
S P Z F V V A T S N A B C N Q R
E P I K N A N G U L O E O S I F
Z Q L G Y B C E C S W L R O R R
U I M F Z C I B O U B L P W B E
V E L O X K Y X F I B R U D A C
P C A L C I T R A R E I S O R U
H Q I E C S R F T A V R T D T P
P U G N A T O R C S X W Z U E E
M E N T U M N X N R H F O T S R
R I W V I G G L U E H M J I U A
S C N F V S U D P V Y R A T S T
W N Y T A E P F E D F X O R S I
C A E S T U S L X A B D T O A O
F U N E S A I R U I N I G F L F
E T J R E F E R E N D A R I U S
J V M A B L N T B N Y S F S F R
```

REFERENDARIUS   CAESTUS
MENTUM   ARTE
BELL   INIURIAS
FOCUS   PUGNATOR
CUBITUS   ADVERSARIUS
FUNES   CALCITRARE
CORPUS   PUNCTA
ANGULO   PUGNO
LASSUS   VELOX
FORTITUDO   RECUPERATIO

99 - Abejas

```
N T B I P F F S T Y F X I G L E
V G P Z O C R B I H U J I S O R
D N D L L C U M B N M M L X F R
I M C D L Y C U E M U W Z Z Z R
V R I D E L T B R T S A L V E O
E E I S N S U I O C S A O Q R D
R G J I C W S C L E L Y S I S W
S I M T H E U B F S R W S J N X
I N E N L O N U U N N P W O C Q
T A L A X H R T J I O W G Z C S
A R A L I S R T U E L U T I L E
S E E P O X H F U R P T J K N R
G C V A T G U L X S K F U X O O
J P O L L I N A T O R C P N Z L
L M P U W V D S Z J K W L V E F
V T I H X D U E O G P X D Z W M
```

ALIS
UTILE
CERA
ALVEO
CIBUM
DIVERSITAS
ECOSYSTEM
MISCENTUR
FLOREBIT
FLORES

FRUCTUS
FUMUS
INSECT
HORTUS
MEL
PLANTIS
POLLEN
POLLINATOR
REGINA
SOL

100 - Psicología

```
N S S C P Q H E Q N W X I L Q K
B O U Z O A P P O I N T M E N T
Y M B Z F G S R E C L E Z O L Z
G N C M N C N M X I J M R D P L
A I O M E N O I T A X A T F E Z
Q A N E A R T P T D B I H Y R L
U B S P B Z S M U I M T N S C N
A U C I H N U E E E O N E N E E
E Q I R E F J K C I R E M V P X
S N O P O N M Q S R C I A H T P
T H U M O R I B U S J C T T I E
I E S U T C E F F A K S R I O R
O Y E S M H X V F T O N E R A I
E S E N O I T A T I G O C E G T
N G V E M E M O R I A C Y E A U
S Y O S X B K E Z D G Z K W M R
```

APPOINTMENT	PUERITIA
FUSCE	COGITATIONES
COGNITIO	PERCEPTIO
MORIBUS	QUAESTIO
CERTAMEN	RE
EGO	MEMORIA
AFFECTUS	SENSUM
TAXATIONEM	SUBCONSCIOUS
EXPERITUR	SOMNIA
CONSCIENTIAM	JUSTO

1 - Ajedrez

2 - Agua

3 - Arqueología

4 - Granja #2

5 - Pesca

6 - Aviones

7 - Tipos de Cabello

8 - Ética

9 - Ciencia Ficción

10 - Granja #1

11 - Camping

12 - Fruta

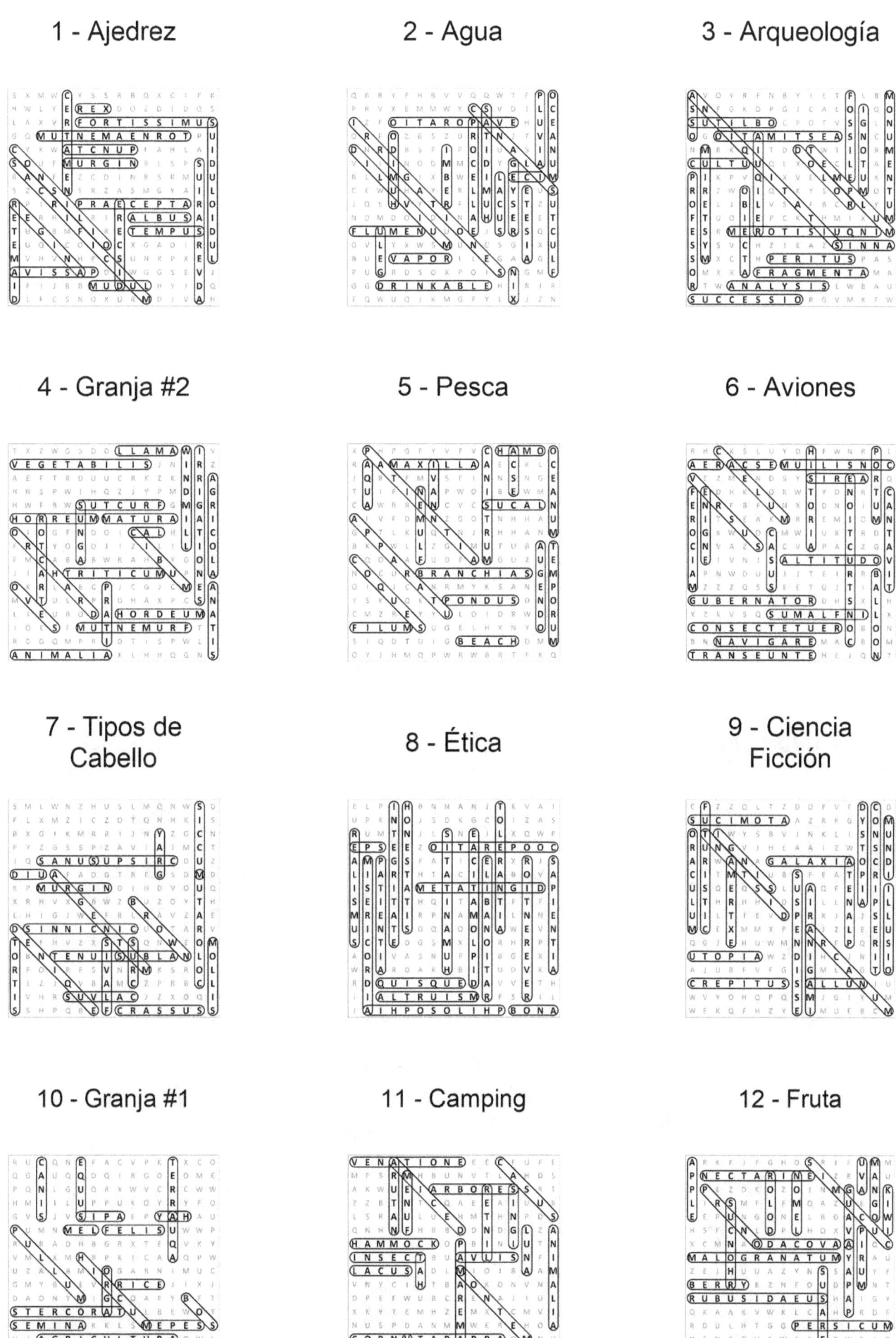

13 - Geología

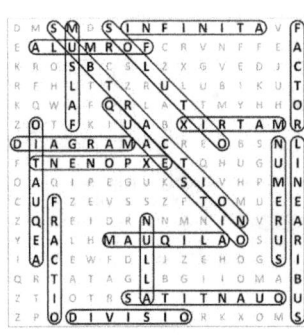

14 - Álgebra

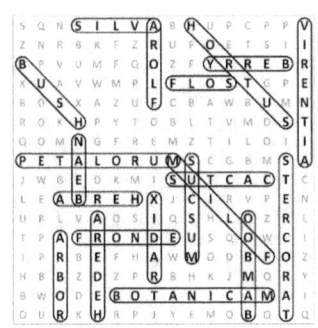

15 - Plantas

16 - Suministros de Arte

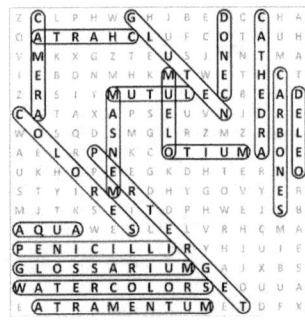

17 - Negocio

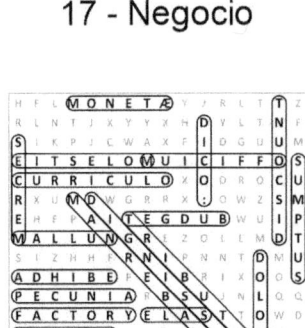
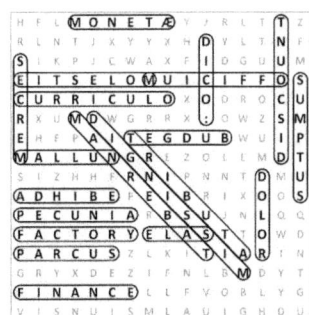

18 - Jardín

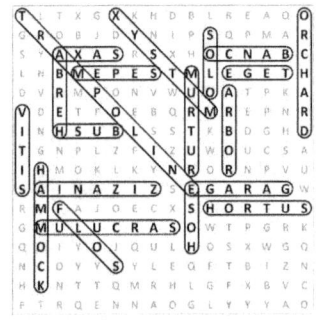

19 - Países #2

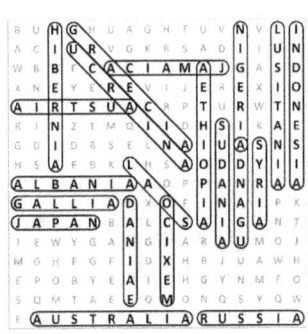

20 - Números

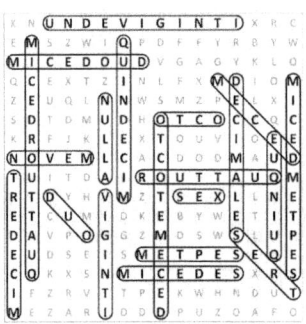

21 - Física

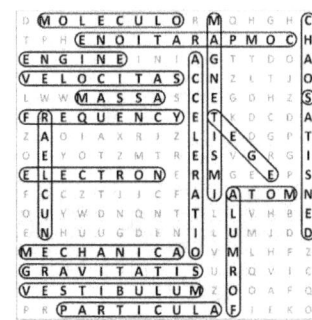

22 - Belleza

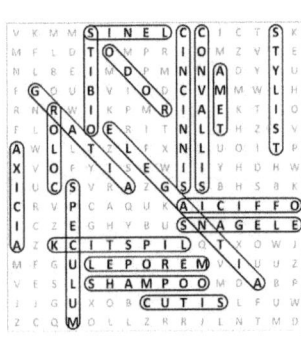

23 - Países #1

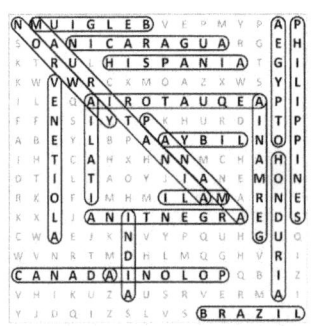

24 - Mitología

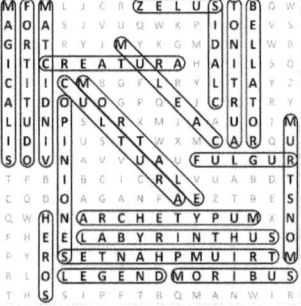

25 - Ecología

26 - Casa

27 - Artes Visuales

28 - Salud y Bienestar #2

29 - Selva Tropical

30 - Adjetivos #1

31 - Familia

32 - Disciplinas Científicas

33 - Salud y Bienestar #1

34 - Adjetivos #2

35 - Cuerpo Humano

36 - Calentamiento Gl

37 - Ciencia

38 - Profesiones #1

39 - Vehículos

40 - Geometría

41 - Vacaciones #2

42 - Baile

43 - Matemáticas

44 - Profesiones #2

45 - Senderismo

46 - Naturaleza

47 - Conduciendo

48 - Ballet

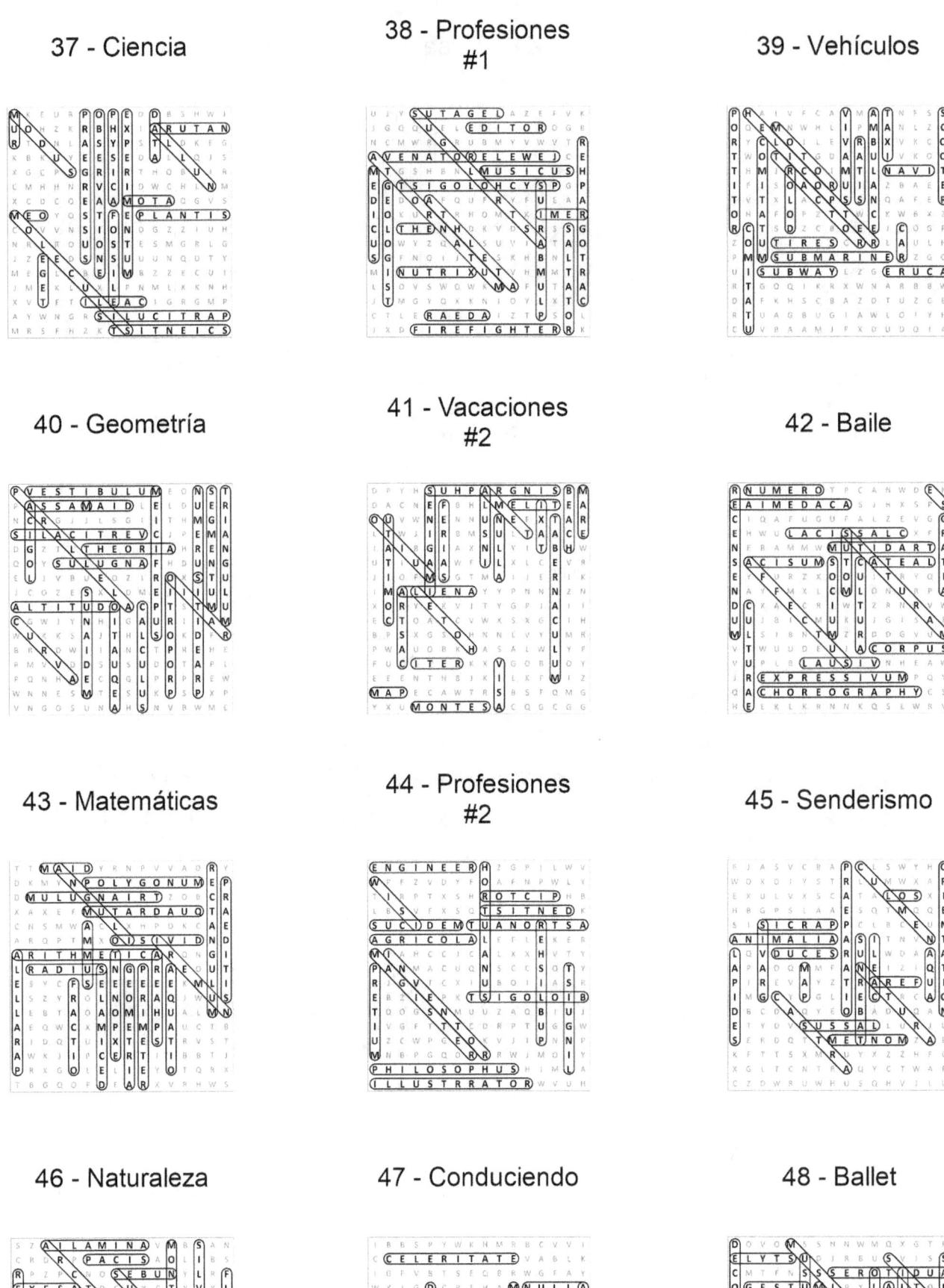

49 - Fuerza y Gravedad

50 - Aventura

51 - Pájaros

52 - Geografía

53 - Música

54 - Enfermedad

55 - Actividades

56 - Verduras

57 - Formas

58 - Flores

59 - Astronomía

60 - Tiempo

61 - Paisajes

62 - Días y Meses

63 - Biología

64 - Jardinería

65 - Barbacoas

66 - Ropa

67 - Meditación

68 - Libros

69 - Los Medios de Comunicación

70 - Nutrición

71 - Edificios

72 - Océano

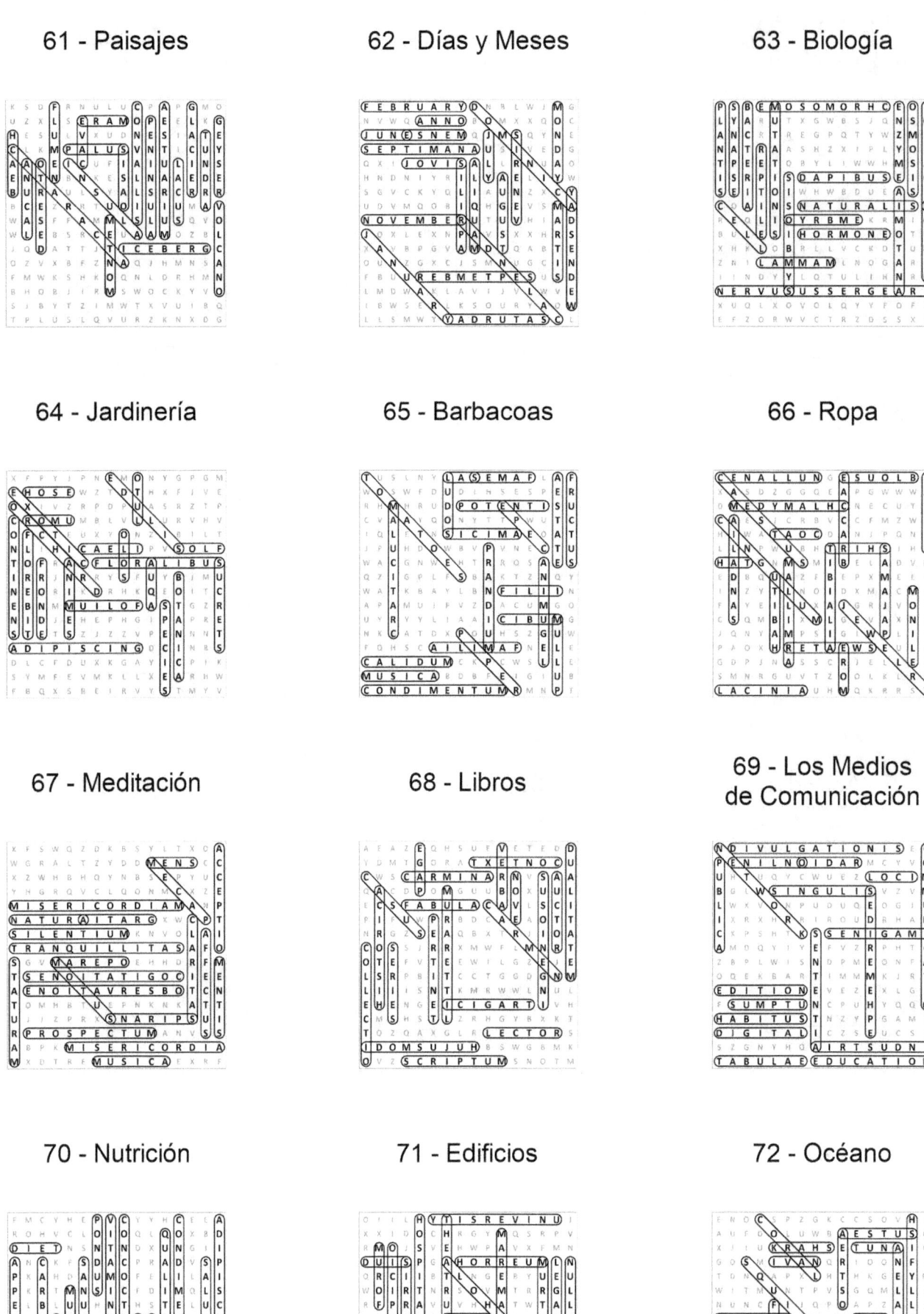

73 - Ciudad

74 - Agronomía

75 - Deporte

76 - Actividades y Ocio

77 - Ingeniería

78 - Comida #1

79 - Antigüedades

80 - Literatura

81 - Química

82 - Gobierno

83 - Creatividad

84 - Filantropía

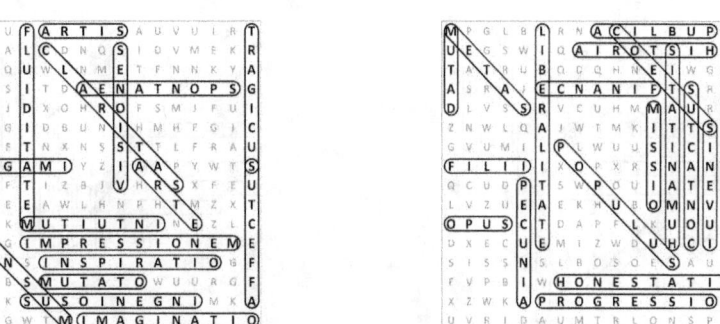

85 - Clima

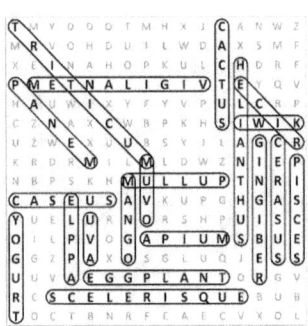

86 - Comida #2

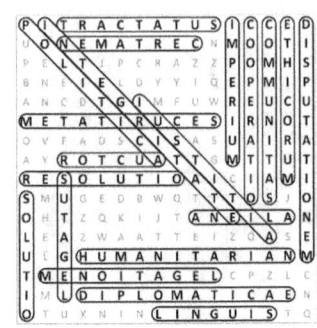

87 - Diplomacia

88 - Herboristería

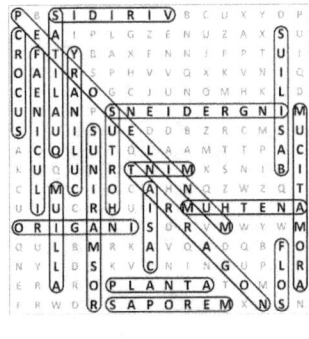

89 - Energía

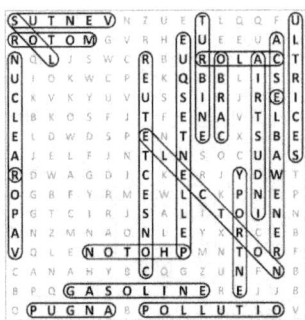

90 - Insectos

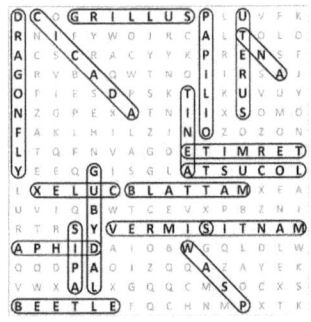

91 - Especias

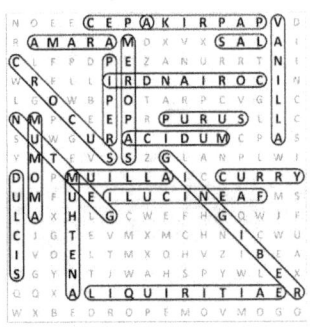

92 - Universo

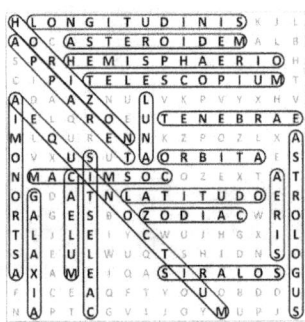

93 - Jazz

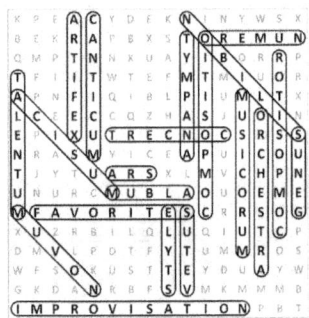

94 - Mediciones

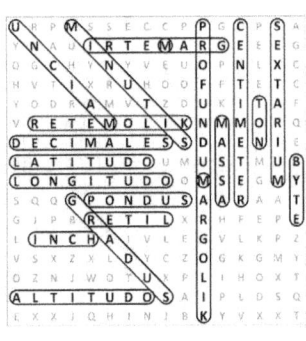

95 - Barcos

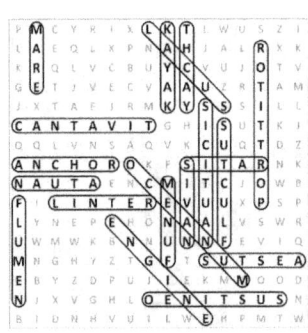

96 - Antártida

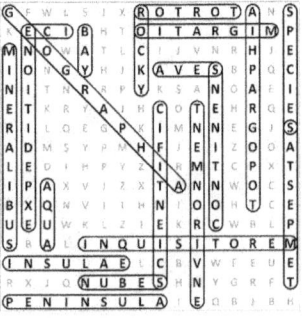

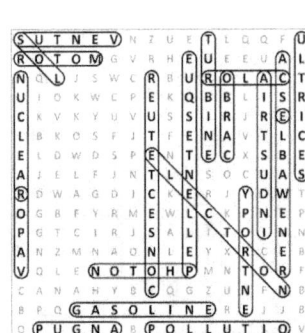
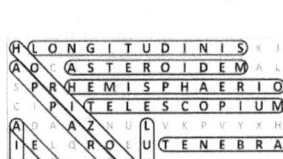

97 - Mamíferos

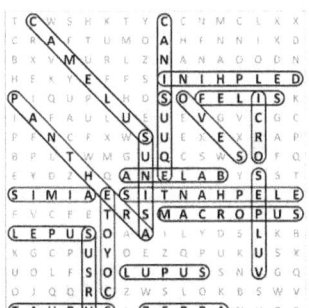

98 - Boxeo

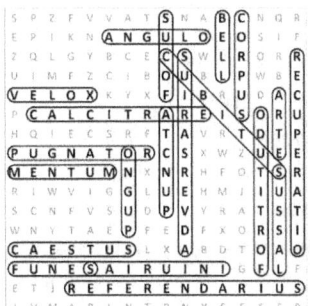

99 - Abejas

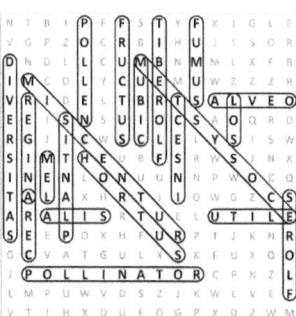

100 - Psicología

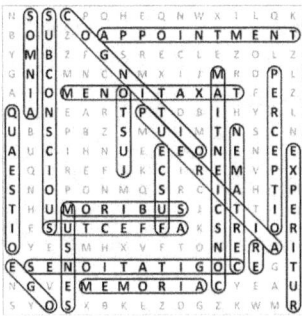

Diccionario

Abejas
Apes

Alas	Alis
Beneficioso	Utile
Cera	Cera
Colmena	Alveo
Comida	Cibum
Diversidad	Diversitas
Ecosistema	Ecosystem
Enjambre	Miscentur
Flor	Florebit
Flores	Flores
Fruta	Fructus
Humo	Fumus
Insecto	Insect
Jardín	Hortus
Miel	Mel
Plantas	Plantis
Polen	Pollen
Polinizador	Pollinator
Reina	Regina
Sol	Sol

Actividades
Operationes

Actividad	Actio
Arte	Es
Artesanía	Artes
Camping	Castra
Caza	Venatione
Costura	Sutura
Habilidad	Arte
Intereses	Commodis
Jardinería	Gardening
Juegos	Ludos
Lectura	Lectio
Magia	Magia
Ocio	Otium
Pesca	Piscandi
Pintura	Pictura
Placer	Voluptatem
Relajación	Consequat
Tejer	Knitting

Actividades y Ocio
Operationes et Otium

Aficiones	Hobbies
Arte	Es
Baloncesto	Ultrices
Béisbol	Baseball
Boxeo	Boxing
Buceo	Consequat
Camping	Castra
Fútbol	Dignissim
Golf	Golf
Jardinería	Gardening
Natación	Natantes
Pesca	Piscandi
Pintura	Pictura
Relajante	Amet
Surf	Superficies
Tenis	Tristique
Viaje	Travel
Voleibol	Pulvinar

Adjetivos #1
Adiectiva #1

Absoluto	Absoluta
Activo	Activa
Ambicioso	Ambitiosa
Aromático	Aromaticum
Atractivo	Nibh
Brillante	Clara
Enorme	Ingens
Exótico	Exotic
Generoso	Liberalis
Grande	Magna
Honesto	Amet
Importante	Maximus
Inocente	Innocens
Joven	Iuvenes
Lento	Tardus
Moderno	Modern
Oscuro	Tenebris
Perfecto	Perfectum
Pesado	Gravis
Valioso	Pretiosum

Adjetivos #2
Adiectiva #2

Cansado	Lassus
Comestible	Edulis
Creativo	Creatrix
Descriptivo	Descriptive
Dramático	Tragicus
Elegante	Elegans
Famoso	Nobilis
Fresco	Nova
Fuerte	Fortis
Interesante	Commodo
Natural	Naturalis
Normal	Duis
Nuevo	Novum
Orgulloso	Superbus
Picante	Conditus
Productivo	Fructuosa
Responsable	Amet
Salado	Salsa
Saludable	Sanus
Seco	Siccum

Agronomía
Agronomy

Agricultura	Agricultura
Agua	Aqua
Ciencia	Scientia
Contaminación	Pollutio
Crecimiento	Augmentum
Ecología	Oecologia
Energía	Vestibulum
Enfermedades	Morbi
Erosión	Exesa
Estudio	Studium
Fertilizante	Stercorat
Identificación	Idem
Orgánico	Organic
Plantas	Plantis
Producción	Productio
Rural	Rusticus
Semillas	Semina
Sistemas	Ratio
Sostenible	Nullam
Verduras	Legumina

Agua
Aqua

Canal	Canalis
Ducha	Imber
Evaporación	Evaporatio
Géiser	Geyser
Helada	Gelu
Hielo	Ice
Humedad	Humiditas
Huracán	Procellae
Húmedo	Humido
Inundación	Diluvium
Lago	Lacus
Lluvia	Pluvia
Monzón	Etesia
Nieve	Nix
Océano	Oceanum
Olas	Fluctus
Potable	Drinkable
Riego	Irrigationes
Río	Flumen
Vapor	Vapor

Ajedrez
Latrunculorum

Aprender	Discere
Blanco	Albus
Campeón	Fortissimus
Concurso	Certamen
Diagonal	Diameter
Estrategia	Consilio
Juego	Ludum
Jugador	Ludio Ludius
Negro	Nigrum
Oponente	Adversarius
Pasivo	Passiva
Puntos	Puncta
Reglas	Praecepta
Reina	Regina
Rey	Rex
Sacrificio	Sacrificium
Tiempo	Tempus
Torneo	Torneamentum

Antártida
Antarctica

Agua	Aqua
Bahía	Bay
Científico	Scientific
Clima	Tempestas
Continente	Continens
Especie	Species
Expedición	Expeditione
Geografía	Geographia
Hielo	Ice
Investigador	Inquisitorem
Islas	Insulae
Medio Ambiente	Environment
Migración	Migratio
Minerales	Mineralibus
Nubes	Nubes
Pájaros	Aves
Península	Peninsula
Rocoso	Rocky
Temperatura	Tortor
Topografía	Topographia

Antigüedades
Antiques

Arte	Es
Auténtico	Veram
Calidad	Qualitas
Condición	Conditio
Decorativo	Nullam
Décadas	Decades
Elegante	Elegans
Entusiasta	Fanaticus
Estilo	Style
Galería	Gallery
Inusual	Insolita
Inversión	Dignissim
Joyas	Jewelry
Monedas	Coins
Mueble	Supellectilem
Pinturas	Picturae
Precio	Pretium
Restauración	Restitutionem
Siglo	Century
Viejo	Vetus

Arqueología
Antiquitatis

Análisis	Analysis
Antigüedad	Antiquitatis
Años	Annis
Civilización	Cultu
Descendiente	Successio
Desconocido	Ignotum
Equipo	Dolor
Evaluación	Aestimatio
Experto	Peritus
Fósil	Fossile
Fragmentos	Fragmenta
Huesos	Ossa
Investigador	Inquisitorem
Misterio	Mysterium
Objetos	Obiecta
Olvidado	Oblitus
Profesor	Professor
Reliquia	Reliquia
Templo	Templum
Tumba	Monumentum

Artes Visuales
Artibus

Arcilla	Lutum
Arquitectura	Architectura
Artista	Artifex
Caballete	Otium
Carbón	Carbones
Cera	Cera
Composición	Compositio
Creatividad	Glossarium
Fotografía	Photograph
Lápiz	Graphium
Obra Maestra	Palmarius
Película	Duis
Perspectiva	Prospectum
Pintura	Pictura
Plantilla	Stencil
Pluma	Pen
Retrato	Effigies
Tiza	Creta

Astronomía
Astronomia

Asteroide	Asteroidem
Astronauta	Astronaut
Astrónomo	Astrologus
Cielo	Caelum
Cohete	Eruca
Constelación	Sidus
Cosmos	Cosmos
Eclipse	Eclipsis
Equinoccio	Aequinoctium
Galaxia	Galaxia
Luna	Luna
Meteoro	Meteoron
Observatorio	Observatorium
Planeta	Planeta
Radiación	Radialis
Satélite	Satelles
Supernova	Supernova
Telescopio	Telescopium
Tierra	Terra
Universo	Universi

Aventura
Casus

Actividad	Actio
Alegría	Gaudium
Amigos	Amicis
Belleza	Pulchritudo
Dificultad	Difficultas
Entusiasmo	Studium
Excursión	Peregrinandum
Inusual	Insolita
Itinerario	Itinerarium
Naturaleza	Natura
Navegación	Navigationem
Nuevo	Novum
Oportunidad	Forte
Peligroso	Periculosum
Preparación	Praeparatio
Seguridad	Salutem
Sorprendente	Mirum
Valentía	Virtute

Aviones
Airplanes

Aire	Aer
Altura	Altitudo
Aterrizaje	Portum
Atmósfera	Aeris
Aventura	Casus
Cielo	Caelum
Combustible	Esca
Construcción	Constructione
Dirección	Versus
Diseño	Consilium
Globo	Balloon
Hidrógeno	Consectetuer
Historia	Historia
Inflar	Inflamus
Motor	Engine
Navegar	Navigare
Pasajero	Transeunte
Piloto	Gubernator
Tripulación	Cantavit
Turbulencia	Ferociam

Álgebra
Algebra

Cantidad	Quantitas
Cero	Nulla
Diagrama	Diagram
División	Divisio
Ecuación	Aequatio
Exponente	Exponent
Factor	Factor
Falso	Falsum
Fórmula	Formula
Fracción	Fractio
Infinito	Infinita
Lineal	Linearibus
Matriz	Matrix
Número	Numerus
Paréntesis	Parenthesis
Problema	Quaestio
Resta	Subtraction
Simplificar	Aliquam
Solución	Solutio
Variable	Variabilis

Baile
Chorus

Academia	Academiae
Alegre	Laeta
Arte	Es
Clásico	Classical
Coreografía	Choreography
Cuerpo	Corpus
Cultura	Cultura
Cultural	Culturae
Emoción	Affectus
Ensayo	Recensendum
Expresivo	Expressivum
Gracia	Gratia
Movimiento	Motus
Música	Musica
Postura	Staturam
Ritmo	Numero
Socio	Socium
Tradicional	Traditum
Visual	Visual

Ballet
Talarium

Agraciado	Decorum
Artístico	Artis
Audiencia	Auditores
Bailarines	Saltatores
Compositor	Compositor
Coreografía	Choreography
Ensayo	Recensendum
Estilo	Style
Expresivo	Expressivum
Gesto	Gestu
Habilidad	Arte
Intensidad	Intensionem
Lecciones	Lectiones
Músculos	Musculi
Música	Musica
Orquesta	Orchestra
Práctica	Usu
Ritmo	Numero
Solo	Solo
Técnica	Ars

Barbacoas
Barbecues

Amigos	Amicis
Caliente	Calidum
Cebollas	Cepe
Cena	Prandium
Comida	Cibum
Ensaladas	Potenti
Familia	Familia
Fruta	Fructus
Hambre	Fames
Juegos	Ludos
Música	Musica
Niños	Filii
Parrilla	Craticulam
Pimienta	Piper
Pollo	Pullum
Sal	Sal
Salsa	Condimentum
Tomates	Tomatoes
Verano	Aestate
Verduras	Legumina

Barcos
Navibus

Ancla	Anchor
Balsa	Ratis
Boya	Sustineo
Canoa	Linter
Cuerda	Funem
Ferry	Porttitor
Kayak	Kayak
Lago	Lacus
Mar	Mare
Marea	Aestus
Marinero	Nauta
Motor	Engine
Náutico	Nauticis
Océano	Oceanum
Olas	Fluctus
Río	Flumen
Tripulación	Cantavit
Velero	Navis
Yate	Yacht

Belleza
Pulchritudo

Champú	Shampoo
Color	Color
Cosméticos	Stibio
Elegancia	Elegantia
Elegante	Elegans
Encanto	Leporem
Espejo	Speculum
Estilista	Stylist
Fotogénico	Amet
Fragancia	Odor
Gracia	Gratia
Piel	Cutis
Pintalabios	Lipstick
Rizos	Cincinnis
Rímel	Convallis
Servicios	Officia
Suave	Lenis
Tijeras	Axicia

Biología
Biology

Anatomía	Anatomia
Bacterias	Bacteria
Celda	Cell
Colágeno	Collagen
Cromosoma	Chromosome
Embrión	Embryo
Enzima	Enzyme
Evolución	Praegressus
Hormona	Hormone
Mamífero	Mammal
Mutación	Mutationis
Natural	Naturalis
Nervio	Nervus
Neurona	Neuron
Ósmosis	Osmosis
Plantas	Plantis
Proteína	Dapibus
Reptil	Reptile
Simbiosis	Symbiosis
Sinapsis	Synapse

Boxeo
Boxing

Árbitro	Referendarius
Barbilla	Mentum
Campana	Bell
Centrar	Focus
Codo	Cubitus
Cuerdas	Funes
Cuerpo	Corpus
Esquina	Angulo
Exhausto	Lassus
Fuerza	Fortitudo
Guantes	Caestus
Habilidad	Arte
Lesiones	Iniurias
Luchador	Pugnator
Oponente	Adversarius
Patear	Calcitrare
Puntos	Puncta
Puño	Pugno
Rápido	Velox
Recuperación	Recuperatio

Calentamiento Global
Global Calefacientem

Ahora	Nunc
Ambiental	Aliquam
Atención	Operam
Ártico	Arctic
Cambios	Mutationes
Científico	Scientist
Clima	Caeli
Consecuencias	Consequatur
Crisis	Discrimen
Datos	Data
Desarrollo	Consequat
Energía	Vestibulum
Futuro	Futurum
Generaciones	Generationes
Gobierno	Imperium
Industria	Industria
Internacional	International
Legislación	Leges
Poblaciones	Populi
Temperaturas	Temperaturis

Camping
Castra

Animales	Animalia
Aventura	Casus
Árboles	Arbores
Bosque	Silva
Brújula	Decima
Cabina	Cameram
Canoa	Linter
Caza	Venatione
Cuerda	Funem
Equipo	Apparatu
Fuego	Ignis
Hamaca	Hammock
Insecto	Insect
Lago	Lacus
Linterna	Cornu
Luna	Luna
Mapa	Map
Montaña	Montem
Naturaleza	Natura
Sombrero	Hat

Casa
Domus

Ático	Attica
Biblioteca	Library
Chimenea	Foco
Cocina	Vestibulum
Cortinas	Pelles
Dormitorio	Cubiculum
Ducha	Imber
Escoba	Genistae
Espejo	Speculum
Garaje	Garage
Habitación	Locus
Jardín	Hortus
Lámpara	Lucerna
Pared	Murum
Piso	Area
Puerta	Ostium
Sótano	Fundamentum
Techo	Tectum
Valla	Sepem
Ventana	Fenestra

Ciencia
Scientia

Átomo	Atom
Científico	Scientist
Clima	Caeli
Datos	Data
Evolución	Praegressus
Experimento	Experimentum
Física	Physica
Fósil	Fossile
Gravedad	Gravitatis
Hecho	Eo
Hipótesis	Rum
Laboratorio	Nulla
Método	Modus
Minerales	Mineralibus
Moléculas	Moleculis
Naturaleza	Natura
Observación	Observatione
Partículas	Particulis
Plantas	Plantis
Químico	Eget

Ciencia Ficción
Scientia Ficta

Atómico	Atomicus
Distante	Distant
Distopía	Dystopia
Explosión	Crepitus
Extremo	Extrema
Fantástico	Suspendisse
Fuego	Ignis
Futurista	Futuristic
Galaxia	Galaxia
Ilusión	Illusio
Imaginario	Imaginaria
Misterioso	Arcanum
Mundo	Mundi
Novelas	Conscripserit
Oráculo	Oraculum
Planeta	Planeta
Tecnología	Nulla
Utopía	Utopia

Ciudad
Oppidum

Aeropuerto	Elit
Banco	Ripam
Biblioteca	Library
Café	Casu
Clínica	Eget
Escuela	Schola
Estadio	Stadium
Farmacia	Atqui
Florista	Florist
Galería	Gallery
Hotel	Hotel
Librería	Bookstore
Museo	Museum
Panadería	Pistrinum
Restaurante	Amet
Supermercado	Forum
Teatro	Theatrum
Tienda	Store
Universidad	University
Zoo	Exo

Clima
Tempestas

Atmósfera	Aeris
Brisa	Aura
Cielo	Caelum
Clima	Caeli
Hielo	Ice
Huracán	Procellae
Inundación	Diluvium
Monzón	Etesia
Niebla	Caligo
Nube	Nubes
Polar	Polar
Rayo	Fulgur
Seco	Siccum
Sequía	Siccitate
Temperatura	Tortor
Tormenta	Tempestas
Tornado	Turbo
Tropical	Tropical
Trueno	Tonitrua
Viento	Ventus

Comida #1
Cibum #1

Ajo	Allium
Albahaca	Basilius
Atún	Tuna
Azúcar	Sugar
Café	Capulus
Carne	Cibum
Cebada	Hordeum
Cebolla	Cepa
Ensalada	Sem
Espinacas	Spinach
Fresa	Fragum
Jugo	Sucus
Leche	Lac
Limón	Lemon
Menta	Mint
Nabo	Rapa
Pera	Pirum
Sal	Sal
Sopa	Elit
Zanahoria	Daucus

Comida #2
Cibum #2

Alcachofa	Cactus
Almendra	Vigilantem
Apio	Apium
Arroz	Rice
Berenjena	Eggplant
Cereza	Cerasus
Chocolate	Scelerisque
Girasol	Helianthus
Huevo	Ovum
Jengibre	Gingiber
Kiwi	Kiwi
Mango	Mango
Manzana	Apple
Pan	Panem
Pescado	Pisces
Pollo	Pullum
Queso	Caseus
Trigo	Triticum
Uva	Uva
Yogur	Yogurt

Conduciendo
Pulsis

Accidente	Accidens
Calle	Platea
Camión	Dolor
Coche	Car
Combustible	Esca
Frenos	Dumeta
Garaje	Garage
Gas	Vestibulum
Licencia	Licentia
Mapa	Map
Motocicleta	Motorcycle
Motor	Motor
Peatonal	Pedestrem
Peligro	Periculum
Policía	At
Seguridad	Salutem
Transporte	Nulla
Tráfico	Aenean
Túnel	Cuniculum
Velocidad	Celeritate

Creatividad
Glossarium

Artístico	Artis
Cambiando	Mutato
Claridad	Claritas
Dramático	Tragicus
Emociones	Affectus
Espontáneo	Spontanea
Expresión	Expressio
Fluidez	Fluiditatem
Habilidad	Arte
Imagen	Imago
Imaginación	Imaginatio
Impresión	Impressionem
Inspiración	Inspiratio
Intensidad	Intensionem
Intuición	Intuitum
Inventivo	Ingeniosus
Sensación	Sensum
Visiones	Visiones
Vitalidad	Vitale

Cuerpo Humano
Corpus Humanum

Barbilla	Mentum
Boca	Ore
Cabeza	Caput
Cara	Faciem
Cerebro	Cerebrum
Codo	Cubitus
Corazón	Cor
Cuello	Collum
Dedo	Digitus
Hombro	Humerum
Lengua	Lingua
Mano	Manu
Nariz	Naribus
Ojo	Oculus
Oreja	Auris
Piel	Cutis
Pierna	Crus
Rodilla	Genu
Sangre	Sanguinem
Tobillo	Tarso

Deporte
Sport

Atleta	Athleta
Baile	Chorum
Capacidad	Facultatem
Ciclismo	Cycling
Cuerpo	Corpus
Deportes	Ludis
Dieta	Diet
Entrenador	Raeda
Estiramiento	Extendens
Fuerza	Fortitudo
Huesos	Ossa
Maximizar	Maximize
Meta	Finis
Metabólico	Metabolicae
Músculos	Musculi
Nutrición	Nutritionem
Programa	Elit
Resistencia	Patientia
Salud	Salutem

Diplomacia
Condicionibus

Asesor	Auctor
Comunidad	Communitas
Conflicto	Certamen
Cooperación	Cooperatio
Diplomático	Diplomaticae
Discusión	Disputationem
Embajada	Legationem
Embajador	Legatus
Extranjero	Aliena
Ética	Ethicorum
Gobierno	Imperium
Humanitario	Humanitarian
Idiomas	Linguis
Integridad	Integritate
Justicia	Iustitia
Política	Politica
Resolución	Resolutio
Seguridad	Securitatem
Solución	Solutio
Tratado	Tractatus

Disciplinas Científicas
Scientifica Disciplinis

Anatomía	Anatomia
Arqueología	Antiquitatis
Astronomía	Astronomia
Biología	Biology
Bioquímica	Biochemistry
Botánica	Botanicam
Ecología	Oecologia
Fisiología	Physiology
Geología	Nederlandicae
Inmunología	Immunology
Lingüística	Grammatica
Mecánica	Mechanica
Meteorología	Meteorology
Mineralogía	Mineralogy
Neurología	Neurology
Nutrición	Nutritionem
Psicología	Duis
Química	Chemia
Sociología	Sociologiae
Zoología	Zoologicam

Días y Meses
Diebus et Mensibus

Abril	Aprilis
Agosto	August
Año	Anno
Calendario	Calendar
Domingo	Dominica
Enero	January
Febrero	February
Jueves	Jovis
Julio	July
Junio	June
Lunes	Monday
Martes	Martis
Mes	Mense
Miércoles	Wednesday
Noviembre	November
Octubre	Aliquam
Sábado	Saturday
Semana	Septimana
Septiembre	September
Viernes	Veneris

Ecología
Oecologia

Clima	Caeli
Comunidades	Communitates
Diversidad	Diversitas
Especie	Species
Flora	Flora
Hábitat	Habitat
Marino	Marine
Montañas	Montes
Natural	Naturalis
Naturaleza	Natura
Pantano	Paludem
Plantas	Plantis
Recursos	Opes
Sequía	Siccitate
Sostenible	Nullam
Supervivencia	Salutem
Variedad	Varietate
Vegetación	Virentia
Voluntarios	Voluntariis

Edificios
Aedificia

Albergue	Hospicio
Apartamento	Duis
Cabina	Cameram
Castillo	Castrum
Embajada	Legationem
Escuela	Schola
Estadio	Stadium
Fábrica	Factory
Garaje	Garage
Granero	Horreum
Granja	Farm
Hospital	Hospitalis
Hotel	Hotel
Laboratorio	Nulla
Museo	Museum
Observatorio	Observatorium
Supermercado	Forum
Teatro	Theatrum
Torre	Turris
Universidad	University

Energía
Vestibulum

Batería	Pugna
Calor	Calor
Carbono	Carbo
Combustible	Esca
Contaminación	Pollutio
Diesel	Pellentesque
Electrón	Electron
Eléctrico	Ultrices
Entropía	Entropy
Fotón	Photon
Gasolina	Gasoline
Hidrógeno	Consectetuer
Industria	Industria
Motor	Motor
Nuclear	Nuclear
Renovable	Renewable
Sol	Sol
Turbina	Turbine
Vapor	Vapor
Viento	Ventus

Enfermedad
Morbi

Abdominal	Abdominis
Agudo	Acutis
Alergias	Allergies
Contagioso	Contagiosis
Corazón	Cor
Crónica	Inveterata
Cuerpo	Corpus
Débil	Infirma
Genético	Triticum
Hereditario	Hereditaria
Huesos	Ossa
Inflamación	Inflammatio
Inmunidad	Immunitatem
Lumbar	Lumborum
Neuropatía	Neuropathia
Patógenos	Pathogens
Respiratorio	Respiratorii
Salud	Salutem
Síndrome	Syndrome
Terapia	Justo

Especias
Aromata

Agrio	Acidum
Ajo	Allium
Amargo	Amara
Anís	Anethum
Azafrán	Crocus
Cardamomo	Amomum
Cebolla	Cepa
Chile	Purus
Cilantro	Coriandri
Curry	Curry
Dulce	Dulcis
Hinojo	Faeniculi
Jengibre	Gingiber
Nuez Moscada	Nutmeg
Pimentón	Paprika
Pimienta	Piper
Regaliz	Liquiritiae
Sabor	Saporem
Sal	Sal
Vainilla	Vanilla

Ética
Ethicorum

Altruismo	Altruism
Bondad	Misericordiam
Compasión	Misericordia
Cooperación	Cooperatio
Dignidad	Dignitatem
Diplomático	Diplomaticae
Filosofía	Philosophia
Honestidad	Honestatis
Humanidad	Humanitatis
Individualismo	Quisque
Integridad	Integritate
Optimismo	Spe
Paciencia	Patientia
Razonable	Rationabile
Realismo	Realismus
Respetuoso	Reverentior
Sabiduría	Sapientia
Tolerancia	Tolerantia
Valores	Bona

Familia
Familia

Abuela	Avia
Abuelo	Avus
Antepasado	Ancestor
Esposa	Uxor
Hermana	Soror
Hermano	Frater
Hija	Filia
Infancia	Pueritia
Madre	Mater
Marido	Vir
Materno	Materno
Niño	Puer
Niños	Filii
Padre	Pater
Paterno	Paterni
Primo	Cognata
Sobrina	Neptis
Sobrino	Nepos
Tía	Matertera
Tío	Patruus

Filantropía
Benignitas

Comunidad	Communitas
Contactos	Contactus
Donar	Datum
Finanzas	Finance
Fondos	Pecunia
Generosidad	Liberalitate
Gente	Populus
Grupos	Coetus
Historia	Historia
Honestidad	Honestatis
Humanidad	Humanitatis
Juventud	Iuvenis
Metas	Metas
Misión	Missio
Necesitar	Opus
Niños	Filii
Programas	Progressio
Público	Publica

Física
Physica

Aceleración	Acceleratio
Átomo	Atom
Caos	Chaos
Densidad	Densitas
Electrón	Electron
Fórmula	Formula
Frecuencia	Frequency
Gas	Vestibulum
Gravedad	Gravitatis
Magnetismo	Magnetismi
Masa	Massa
Mecánica	Mechanica
Molécula	Moleculo
Motor	Engine
Nuclear	Nuclear
Partícula	Particula
Químico	Eget
Relatividad	Comparatione
Universal	Universalis
Velocidad	Velocitas

Flores
Flores

Amapola	Papaver
Diente de León	Taraxacum
Gardenia	Gardenia
Girasol	Helianthus
Hibisco	Hibisco
Jazmín	Aenean
Lavanda	Casia
Lirio	Lilium
Magnolia	Magnolia
Margarita	Daisy
Narciso	Narcissus
Orquídea	Orchid
Pasionaria	Passionflower
Peonía	Aglaophotis
Pétalo	Petalorum
Plumeria	Plumeria
Ramo	Flos
Rosa	Rosa
Trébol	Trifolium
Tulipán	Tulipa

Formas
Figuris

Arco	Arc
Bordes	Oras
Cilindro	Cylindro
Círculo	Circulus
Cono	Coni
Cuadrado	Quadratum
Cubo	Cubus
Curva	Curva
Elipse	Ellipsi
Esfera	Sphaera
Esquina	Angulo
Lado	Parte
Línea	Linea
Oval	Oval
Pirámide	Pyramidis
Polígono	Polygonum
Prisma	Prisma
Rectángulo	Rectangulum
Ronda	Circum
Triángulo	Triangulum

Fruta
Fructus

Aguacate	Avocado
Baya	Berry
Cereza	Cerasus
Ciruela	Pruno
Coco	Dolor
Frambuesa	Rubus Idaeus
Granada	Malogranatum
Guayaba	Guava
Kiwi	Kiwi
Limón	Lemon
Mango	Mango
Manzana	Apple
Melocotón	Persicum
Melón	Cucumis
Naranja	Rhoncus
Nectarina	Nectarine
Papaya	Papaya
Pera	Pirum
Piña	Pineapple
Uva	Uva

Fuerza y Gravedad
Vim et Gravitatem

Centro	Centrum
Descubrimiento	Inventio
Dinámico	Suscipit
Distancia	Procul
Eje	Axis
Expansión	Dilatatio
Física	Physica
Impacto	Ictum
Magnetismo	Magnetismi
Magnitud	Magnitudo
Mecánica	Mechanica
Movimiento	Motus
Órbita	Orbita
Peso	Pondus
Planetas	Planetarum
Presión	Curabitur
Propiedades	Proprietates
Tiempo	Tempus
Universal	Universalis
Velocidad	Celeritate

Geografía
Geographia

Altitud	Altitudo
Atlas	Atlas
Ciudad	Urbem
Continente	Continens
Hemisferio	Hemisphaerio
Isla	Insula
Latitud	Latitudo
Longitud	Longitudinis
Mapa	Map
Mar	Mare
Meridiano	Meridianus
Montaña	Montem
Mundo	Mundi
Norte	North
Oeste	West
País	Patria
Región	Regione
Río	Flumen
Sur	Meridiem
Territorio	Territorio

Geología
Nederlandicae

Ácido	Acidum
Calcio	Calcium
Capa	Accumsan
Caverna	Specus
Continente	Continens
Coral	Coral
Cristales	Crystals
Cuarzo	Quartz
Erosión	Exesa
Estalactita	Stalactite
Estalagmitas	Stalagmites
Fósil	Fossile
Géiser	Geyser
Lava	Lava
Meseta	Plateau
Minerales	Mineralibus
Piedra	Stone
Sal	Sal
Terremoto	Terraemotus
Volcán	Volcano

Geometría
Geometria

Altura	Altitudo
Ángulo	Angulus
Cálculo	Calculus
Curva	Curva
Diámetro	Diam
Dimensión	Ratio
Ecuación	Aequatio
Horizontal	Vestibulum
Lógica	Logica
Masa	Massa
Mediana	Medianus
Número	Numerus
Paralelo	Parallela
Proporción	Proportio
Segmento	Segmentum
Simetría	Praeditis
Superficie	Superficiem
Teoría	Theoria
Triángulo	Triangulum
Vertical	Verticalis

Gobierno
Imperium

Ciudadanía	Ciuitatem
Civil	Civilis
Constitución	Constitutio
Democracia	Democratia
Derechos	Iura
Discurso	Oratio
Discusión	Disputationem
Distrito	Nullam
Estado	Status
Igualdad	Aequalitas
Judicial	Iudicialis
Justicia	Iustitia
Ley	Lex
Libertad	Libertatem
Líder	Dux
Monumento	Monumentum
Nación	Gens
Pacífico	Pacis
Política	Politica
Símbolo	Signum

Granja #1
Farm #1

Abeja	Apis
Agricultura	Agricultura
Agua	Aqua
Arroz	Rice
Burro	Asinus
Caballo	Equus
Cabra	Hircum
Campo	Agro
Cuervo	Corvus
Fertilizante	Stercorat
Gato	Felis
Heno	Hay
Miel	Mel
Perro	Canis
Pollo	Pullum
Semillas	Semina
Ternero	Vitulum
Tierra	Terra
Vaca	Bos
Valla	Sepem

Granja #2
Farm #2

Agricultor	Agricola
Animales	Animalia
Cebada	Hordeum
Comida	Cibum
Cordero	Agnus
Fruta	Fructus
Granero	Horreum
Huerto	Orchard
Leche	Lac
Llama	Llama
Maduro	Matura
Maíz	Frumentum
Molino	Windmill
Oveja	Oves
Pato	Anatis
Prado	Prati
Riego	Irrigationes
Tractor	Tractor
Trigo	Triticum
Vegetal	Vegetabilis

Herboristería
Herbalism

Ajo	Allium
Albahaca	Basilius
Aromático	Aromaticum
Azafrán	Crocus
Calidad	Qualitas
Culinario	Culinary
Eneldo	Anethum
Estragón	Tarragon
Flor	Flos
Hinojo	Faeniculi
Ingrediente	Ingrediens
Jardín	Hortus
Lavanda	Casia
Mejorana	Origani
Menta	Mint
Perejil	Petroselinum
Planta	Planta
Romero	Rosmarinus
Sabor	Saporem
Verde	Viridis

Ingeniería
Lorem Ipsum

Ángulo	Angulus
Cálculo	Calculus
Construcción	Constructione
Diagrama	Diagram
Diámetro	Diam
Diesel	Pellentesque
Distribución	Distributio
Eje	Axis
Energía	Vestibulum
Estabilidad	Stabilitatem
Estructura	Structura
Fuerza	Fortitudo
Líquido	Liquid
Máquina	Apparatus
Medición	Aliquam
Motor	Motor
Movimiento	Motus
Palancas	Vectium
Profundidad	Profundum
Propulsión	Propellentem

Insectos
Insecta

Abeja	Apis
Avispa	Wasp
Áfido	Aphid
Cigarra	Cicada
Cucaracha	Blattam
Escarabajo	Beetle
Gusano	Vermis
Hormiga	Ant
Langosta	Locusta
Larva	Uterus
Libélula	Dragonfly
Mantis	Mantis
Mariposa	Papilio
Mariquita	Ladybug
Mosquito	Culex
Polilla	Tinea
Saltamontes	Grillus
Termita	Termite

Jardinería
Gardening

Agua	Aqua
Botánico	Botanica
Clima	Caeli
Comestible	Edulis
Compost	Stercus
Contenedor	Continens
Especie	Species
Estacional	Adipiscing
Exótico	Exotic
Flor	Florebit
Floral	Floralibus
Follaje	Fronde
Hoja	Folium
Huerto	Orchard
Humedad	Umor
Manguera	Hose
Ramo	Flos
Semillas	Semina
Suciedad	Luto
Suelo	Solo

Jardín
Hortus

Arbusto	Bush
Árbol	Arbor
Banco	Banco
Estanque	Eget
Flor	Flos
Garaje	Garage
Hamaca	Hammock
Hierba	Herba
Huerto	Orchard
Jardín	Hortus
Malezas	Zizania
Manguera	Hose
Pala	Rutrum
Rastrillo	Sarculum
Rocas	Saxa
Suelo	Solo
Terraza	Xystum
Trampolín	Trampoline
Valla	Sepem
Vid	Vitis

Jazz
Jazz

Artista	Artifex
Álbum	Album
Canción	Canticum
Composición	Compositio
Compositor	Compositor
Concierto	Concert
Estilo	Style
Famoso	Nobilis
Favoritos	Favorites
Género	Genus
Improvisación	Improvisation
Música	Musica
Músicos	Musicorum
Nuevo	Novum
Orquesta	Orchestra
Ritmo	Numero
Talento	Talentum
Tambores	Tympana
Técnica	Ars
Viejo	Vetus

Libros
Books

Autor	Auctor
Aventura	Casus
Colección	Collectio
Contexto	Context
Dualidad	Dualitatem
Escrito	Scriptum
Historia	Fabula
Histórico	Historica
Humorístico	Hujusmodi
Inventivo	Ingeniosus
Lector	Lector
Literario	Litterarum
Novela	Nove
Palabras	Verba
Página	Page
Pertinente	Pertinet
Poema	Carmen
Poesía	Carmina
Serie	Series
Trágico	Tragici

Literatura
Litteris

Analogía	Similitudo
Análisis	Analysis
Anécdota	Fabella
Autor	Auctor
Biografía	Vita
Comparación	Comparatione
Conclusión	Conclusio
Descripción	Description
Diálogo	Dialogus
Estilo	Style
Ficción	Ficta
Metáfora	Metaphora
Novela	Nove
Opinión	Sententia
Poema	Carmen
Poético	Poetica
Rima	Concordare
Ritmo	Numero
Tema	Argumentum
Tragedia	Tragoedia

Los Medios de Comunicación
Media

Actitudes	Habitus
Anuncios	Tabulae
Comunicación	Communicatio
Digital	Digital
Edición	Edition
Educación	Education
En Línea	Online
Financiación	Sumptu
Fotos	Imagines
Individual	Singulis
Industria	Industria
Local	Loci
Opinión	Sententia
Periódicos	Ephemerides
Público	Publica
Radio	Radio
Red	Network
Revistas	Divulgationis

Mamíferos
Nullam

Ballena	Balena
Burro	Asinus
Caballo	Equus
Camello	Camelus
Canguro	Macropus
Cebra	Zebra
Conejo	Lepus
Coyote	Coyote
Delfín	Delphini
Elefante	Elephantis
Gato	Felis
Gorila	Orci
Jirafa	Panthera
Lobo	Lupus
Mono	Simia
Oso	Ursus
Oveja	Oves
Perro	Canis
Toro	Taurus
Zorro	Vulpes

Matemáticas
Math

Aritmética	Arithmetica
Ángulos	Anguli
Cuadrado	Quadratum
Decimal	Decimales
Diámetro	Diam
División	Divisio
Ecuación	Aequatio
Esfera	Sphaera
Exponente	Exponent
Fracción	Fractio
Geometría	Geometria
Números	Numeri
Paralelo	Parallela
Perímetro	Perimeter
Polígono	Polygonum
Radio	Radius
Rectángulo	Rectangulum
Simetría	Praeditis
Suma	Summa
Triángulo	Triangulum

Mediciones
Mensurae

Altura	Altitudo
Ancho	Latitudo
Byte	Byte
Centímetro	Centimeter
Decimal	Decimales
Grado	Gradus
Gramo	Gram
Kilogramo	Kilogram
Kilómetro	Kilometer
Litro	Liter
Longitud	Longitudo
Masa	Massa
Metro	Metri
Minuto	Minutis
Onza	Unciam
Peso	Pondus
Pinta	Sextarium
Profundidad	Profundum
Pulgada	Inch
Tonelada	Ton

Meditación
Meditatio

Aceptación	Acceptio
Atención	Operam
Bondad	Misericordiam
Calma	Tranquillitas
Claridad	Claritas
Compasión	Misericordia
Emociones	Affectus
Gratitud	Gratia
Mental	Mentis
Mente	Mens
Movimiento	Motus
Música	Musica
Naturaleza	Natura
Observación	Observatione
Paz	Pacem
Pensamientos	Cogitationes
Perspectiva	Prospectum
Postura	Staturam
Respiración	Spirans
Silencio	Silentium

Mitología
Fabularis

Arquetipo	Archetypum
Celos	Zelus
Cielo	Caelum
Comportamiento	Moribus
Creencias	Opiniones
Criatura	Creatura
Cultura	Cultura
Desastre	Cladis
Fuerza	Fortitudo
Guerrero	Bellator
Héroe	Heros
Laberinto	Labyrinthus
Leyenda	Legend
Mágico	Magicalis
Monstruo	Monstrum
Mortal	Mortale
Rayo	Fulgur
Triunfante	Triumphantes
Trueno	Tonitrua
Venganza	Vindictam

Música
Musica

Armonía	Concordia
Armónico	Harmonia
Álbum	Album
Balada	Naenia
Cantante	Cantor
Clásico	Classical
Coro	Chorus
Grabación	Recording
Improvisar	Vestibulum
Instrumento	Instrumentum
Lírico	Lyrical
Melodía	Cantate
Micrófono	Ligula
Musical	Musicum
Músico	Musicus
Ópera	Opera
Poético	Poetica
Ritmo	Numero
Rítmico	Numerosa
Vocal	Vocalis

Naturaleza
Natura

Abejas	Apes
Animales	Animalia
Ártico	Arctic
Belleza	Pulchritudo
Bosque	Silva
Desierto	Deserto
Dinámico	Suscipit
Erosión	Exesa
Follaje	Fronde
Glaciar	Glacier
Montañas	Montes
Niebla	Caligo
Nubes	Nubes
Pacífico	Pacis
Río	Flumen
Salvaje	Fera
Santuario	Sanctuarium
Sereno	Serena
Tropical	Tropical
Vital	Vitalis

Negocio
Negotium

Carrera	Curriculo
Costo	Sumptus
Descuento	Discount
Dinero	Pecunia
Economía	Parcus
Empleado	Molestie
Empleador	Dico:
Empresa	Dolor
Fábrica	Factory
Finanzas	Finance
Impuestos	Tributa
Inversión	Dignissim
Mercancía	Merces
Moneda	Monetæ
Oficina	Officium
Personal	Nullam
Presupuesto	Budget
Tienda	Tabernam
Transacción	Adhibe
Venta	Sale

Nutrición
Nutritionem

Amargo	Amara
Apetito	Appetitus
Calidad	Qualitas
Calorías	Adipiscing
Carbohidratos	Carbohydrates
Comestible	Edulis
Dieta	Diet
Digestión	Concoctionem
Equilibrado	Libratum
Fermentación	Fermentum
Hábitos	Habitus
Nutriente	Cibus
Peso	Pondus
Proteínas	Servo
Sabor	Saporem
Salsa	Condimentum
Salud	Salutem
Saludable	Sanus
Toxina	Toxin
Vitamina	Vitaminum

Números
Numeri

Catorce	Quattuordecim
Cero	Nulla
Cinco	Quinque
Cuatro	Quattuor
Decimal	Decimales
Diecinueve	Undeviginti
Dieciocho	Decem et Octo
Dieciséis	Sedecim
Diecisiete	Septemdecim
Diez	Decem
Doce	Duodecim
Dos	Duo
Nueve	Novem
Ocho	Octo
Quince	Quindecim
Seis	Sex
Siete	Septem
Trece	Tredecim
Tres	Tres
Veinte	Viginti

Océano
Oceanum

Algas Marinas	Alga
Anguila	Anguilla
Arrecife	Reef
Atún	Tuna
Ballena	Balena
Barco	Navi
Camarón	Squilla
Cangrejo	Cancer
Coral	Coral
Delfín	Delphini
Esponja	Spongia
Mareas	Aestus
Medusa	Jellyfish
Ostra	Ostrea
Pescado	Pisces
Pulpo	Polypus
Sal	Sal
Tiburón	Shark
Tormenta	Tempestas
Tortuga	Turtur

Paisajes
Donec

Cascada	Cataracta
Cueva	Cave
Desierto	Deserto
Estuario	Aestuarium,
Géiser	Geyser
Glaciar	Glacier
Iceberg	Iceberg
Isla	Insula
Lago	Lacus
Laguna	Lacuna
Mar	Mare
Montaña	Montem
Oasis	Oasis
Pantano	Palus
Península	Peninsula
Playa	Beach
Río	Flumen
Tundra	Tundra
Valle	Convallis
Volcán	Volcano

Países #1
Regionibus #1

Alemania	Germania
Argentina	Argentina
Bélgica	Belgium
Brasil	Brazil
Canadá	Canada
Ecuador	Aequatoria
Egipto	Aegypto
España	Hispania
Filipinas	Philippines
Honduras	Honduria
India	India
Italia	Italia
Libia	Libya
Malí	Mali
Marruecos	Mauritania
Nicaragua	Nicaragua
Noruega	Norway
Panamá	Panama
Polonia	Polonia
Venezuela	Venetiola

Países #2
Regionibus #2

Albania	Albania
Australia	Australia
Austria	Austria
Dinamarca	Daniae
Etiopía	Aethiopia
Francia	Gallia
Grecia	Graecia
Indonesia	Indonesia
Irlanda	Hibernia
Jamaica	Jamaica
Japón	Japan
Laos	Laos
México	Mexico
Nigeria	Nigeria
Portugal	Lusitania
Rusia	Russia
Siria	Syria
Sudán	Sudania
Ucrania	Ucraina
Uganda	Uganda

Pájaros
Aves

Avestruz	Struthionem
Águila	Aquila
Canario	Ga
Cigüeña	Ciconia
Cisne	Swan
Cuco	Cuckoo
Cuervo	Corvus
Flamenco	Flamingo
Ganso	Anserem
Garza	Heron
Gaviota	Gull
Gorrión	Passer
Halcón	Accipiter
Huevo	Ovum
Loro	Psittacus
Paloma	Columbam
Pato	Anatis
Pelícano	Pelican
Pollo	Pullum
Tucán	Toucan

Pesca
Piscandi

Agua	Aqua
Barco	Navi
Branquias	Branchias
Cable	Filum
Cebo	Esca
Cesta	Canistrum
Cocinar	Coques
Equipo	Apparatu
Exageración	Augendo
Gancho	Hamo
Lago	Lacus
Mandíbula	Maxilla
Océano	Oceanum
Paciencia	Patientia
Peso	Pondus
Playa	Beach
Río	Flumen
Temporada	Temporum

Plantas
Plantis

Arbusto	Bush
Árbol	Arbor
Bambú	Bamboo
Baya	Berry
Bosque	Silva
Botánica	Botanicam
Cactus	Cactus
Fertilizante	Stercorat
Flor	Flos
Flora	Flora
Follaje	Fronde
Frijol	Bean
Hiedra	Hedera
Hierba	Herba
Hoja	Folium
Jardín	Hortus
Musgo	Muscus
Pétalo	Petalorum
Raíz	Radix
Vegetación	Virentia

Profesiones #1
Professionibus #1

Abogado	Attornatum
Astrónomo	Astrologus
Atleta	Athleta
Bailarín	Saltator
Banquero	Remi
Bombero	Firefighter
Cartógrafo	Cartographer
Cazador	Venator
Doctor	Medicus
Editor	Editor
Embajador	Legatus
Enfermera	Nutrix
Entrenador	Raeda
Fontanero	Plumbarius
Geólogo	Geologist
Joyero	Jeweler
Músico	Musicus
Pianista	The
Psicólogo	Psychologist
Veterinario	Veterinarius

Profesiones #2
Professionibus #2

Agricultor	Agricola
Astronauta	Astronaut
Biólogo	Biologist
Dentista	Dentist
Detective	Inquisitor
Editor	Publisher
Filósofo	Philosophus
Fotógrafo	Pretium
Ilustrador	Illustrrator
Ingeniero	Engineer
Inventor	Inventor
Investigador	Inquisitorem
Jardinero	Hortulanus
Lingüista	Linguist
Médico	Medicus
Periodista	Wisi
Piloto	Gubernator
Pintor	Pictor
Profesor	Magister
Zoólogo	Zoologist

Psicología
Duis

Cita	Appointment
Clínico	Fusce
Cognición	Cognitio
Comportamiento	Moribus
Conflicto	Certamen
Ego	Ego
Emociones	Affectus
Evaluación	Taxationem
Experiencias	Experitur
Inconsciente	Conscientiam
Infancia	Pueritia
Pensamientos	Cogitationes
Percepción	Perceptio
Problema	Quaestio
Realidad	Re
Recuerdos	Memoria
Sensación	Sensum
Subconsciente	Subconscious
Sueños	Somnia
Terapia	Justo

Química
Chemia

Alcalino	Alkaline
Ácido	Acidum
Calor	Calor
Carbono	Carbo
Catalizador	Catalyst
Cloro	Consequat
Electrón	Electron
Enzima	Enzyme
Gas	Vestibulum
Hidrógeno	Consectetuer
Ion	Ion
Líquido	Liquid
Metales	Metallis
Molécula	Moleculo
Nuclear	Nuclear
Oxígeno	Dolor
Peso	Pondus
Reacción	Reactionem
Sal	Sal
Temperatura	Tortor

Ropa
Vestimenta

Abrigo	Coat
Blusa	Blouse
Bufanda	Chlamydem
Calcetines	Tibialia
Camisa	Shirt
Chaqueta	Jacket
Cinturón	Cingulum
Collar	Monile
Falda	Lacinia
Guantes	Caestus
Joyas	Jewelry
Moda	More
Pantalones	Braccae
Pijama	Pajamas
Pulsera	Armillam
Sandalias	Sandalia
Sombrero	Hat
Suéter	Sweater
Vestido	Habitu
Zapato	Nulla Nec

Salud y Bienestar #1
Salutem et Sanitatem #1

Activo	Activa
Altura	Altitudo
Bacterias	Bacteria
Clínica	Eget
Doctor	Medicus
Farmacia	Atqui
Fractura	Fractura
Hambre	Fames
Hábito	Habitus
Hormonas	Hormones
Huesos	Ossa
Medicina	Medicina
Músculos	Musculi
Piel	Cutis
Postura	Staturam
Reflejo	Reflexum
Relajación	Consequat
Terapia	Justo
Tratamiento	Curatio
Virus	Virus

Salud y Bienestar #2
Salutem et Sanitatem #2

Alergia	Urna
Anatomía	Anatomia
Apetito	Appetitus
Caloría	Calorie
Cuerpo	Corpus
Dieta	Diet
Digestión	Concoctionem
Energía	Vestibulum
Enfermedad	Morbi
Genética	Genetics
Higiene	Hygiene
Hospital	Hospitalis
Infección	Infectio
Masaje	Suspendisse
Nutrición	Nutritionem
Peso	Pondus
Recuperación	Recuperatio
Saludable	Sanus
Sangre	Sanguinem
Vitamina	Vitaminum

Selva Tropical
Rainforest

Anfibios	Amphibia
Botánico	Botanica
Clima	Caeli
Comunidad	Communitas
Diversidad	Diversitas
Especie	Species
Insectos	Insecta
Mamíferos	Nullam
Musgo	Muscus
Naturaleza	Natura
Nubes	Nubes
Pájaros	Aves
Refugio	Refugium
Respeto	Quantum
Restauración	Restitutionem
Selva	Truncatis
Supervivencia	Salutem
Valioso	Pretiosum

Senderismo
Hiking

Agua	Aqua
Animales	Animalia
Botas	Tabernus
Camping	Castra
Cansado	Lassus
Clima	Caeli
Cumbre	Culmen
Guías	Duces
Mapa	Map
Montaña	Montem
Naturaleza	Natura
Orientación	Orientation
Parques	Parcis
Pesado	Gravis
Piedras	Lapides
Preparación	Praeparatio
Salvaje	Fera
Sol	Sol

Suministros de Arte
Artis Commeatibus

Aceite	Oleum
Acrílico	Donec
Acuarelas	Watercolors
Agua	Aqua
Arcilla	Lutum
Borrador	Deleo
Caballete	Otium
Carbón	Carbones
Cámara	Camera
Cepillos	Perterget
Colores	Colores
Creatividad	Glossarium
Lápices	Penicilli
Mesa	Mensam
Papel	Charta
Pegamento	Gluten
Silla	Cathedra
Tinta	Atramentum

Tiempo
Tempus

Ahora	Nunc
Antes	Ante
Anual	Annua
Año	Anno
Ayer	Heri
Calendario	Calendar
Década	Decennium
Día	Die
Futuro	Futurum
Hora	Hora
Hoy	Hodie
Mañana	Mane
Mañana	Cras
Mediodía	Meridies
Mes	Mense
Minuto	Minutis
Noche	Nocte
Reloj	Horologium
Semana	Septimana
Siglo	Century

Tipos de Cabello
Genera Capillos

Blanco	Albus
Brillante	Crus
Calvo	Calvus
Coloreado	Coloratum
Corto	Denique
Delgada	Tenuis
Gris	Gray
Grueso	Crassus
Largo	Diu
Marrón	Brown
Negro	Nigrum
Plata	Argentum
Rizado	Crispus
Rizos	Cincinnis
Rubio	Flavis
Saludable	Sanus
Seco	Siccum
Suave	Mollis
Trenzado	Tortis

Universo
Universi

Asteroide	Asteroidem
Astronomía	Astronomia
Astrónomo	Astrologus
Atmósfera	Aeris
Celestial	Caelestis
Cielo	Caelum
Cósmico	Cosmicam
Galaxia	Galaxia
Hemisferio	Hemisphaerio
Horizonte	Horizon
Latitud	Latitudo
Longitud	Longitudinis
Luna	Luna
Oscuridad	Tenebrae
Órbita	Orbita
Solar	Solaris
Solsticio	Aequinoctium
Telescopio	Telescopium
Visible	Apparet
Zodíaco	Zodiac

Vacaciones #2
Vacation #2

Aeropuerto	Elit
Camping	Castra
Carpa	Tabernaculum
Extranjero	Aliena
Fotos	Imagines
Hotel	Hotel
Isla	Insula
Mapa	Map
Mar	Mare
Montañas	Montes
Ocio	Otium
Pasaporte	Singraphus
Playa	Beach
Restaurante	Amet
Taxi	Taxi
Transporte	Nulla
Tren	Comitatu
Vacaciones	Ferias
Viaje	Iter
Visa	Visa

Vehículos
Vehicula

Ambulancia	Ambulance
Avión	Vivamus
Balsa	Ratis
Barco	Navi
Camión	Dolor
Caravana	Comitatum
Coche	Car
Cohete	Eruca
Ferry	Porttitor
Helicóptero	Helicopter
Metro	Subway
Motor	Motor
Neumáticos	Tires
Scooter	Scooter
Submarino	Submarine
Taxi	Taxi
Tractor	Tractor
Tren	Comitatu

Verduras
Legumina

Ajo	Allium
Alcachofa	Cactus
Apio	Apium
Berenjena	Eggplant
Brócoli	Algentem
Calabaza	Cucurbita
Cebolla	Cepa
Chalote	Shallot
Coliflor	Brassica
Ensalada	Sem
Espinacas	Spinach
Guisante	Pisum
Jengibre	Gingiber
Nabo	Rapa
Oliva	Olivae
Pepino	Cucumis
Perejil	Petroselinum
Rábano	Radicula
Seta	Fungorum
Zanahoria	Daucus

Enhorabuena

Lo has conseguido!

Esperamos que hayas disfrutado de este libro tanto como nosotros al diseñarlo. Nos esforzamos por crear libros de la máxima calidad posible.
Esta edición está diseñada para proporcionar un aprendizaje inteligente, de calidad y divertido!

¿Te ha gustado este libro?

Una Petición Sencilla

Estos libros existen gracias a las reseñas que se publican.
¿Podrías ayudarnos dejando una reseña ahora?
Aquí tienes un breve enlace a la página de reseñas

BestBooksActivity.com/Opiniones50

¡DESAFÍO FINAL!

Reto n°1

¿Estás listo para tu juego gratis? Los utilizamos siempre, pero no son tan fáciles de encontrar. ¡Aquí están los **Sinónimos!**

Escribe 5 palabras que hayas encontrado en los rompecabezas (#21, #36, #76) y trata de encontrar 2 sinónimos para cada palabra.

Escriba 5 palabras del *Puzzle 21*

Palabras	Sinónimo 1	Sinónimo 2

Escriba 5 palabras del *Puzzle 36*

Palabras	Sinónimo 1	Sinónimo 2

Escriba 5 palabras del *Puzzle 76*

Palabras	Sinónimo 1	Sinónimo 2

Reto n°2

Ahora que te has calentado, escribe 5 palabras que hayas encontrado en los Puzzles 9, 17 y 25 e intenta encontrar 2 antónimos para cada palabra. ¿Cuántos puedes encontrar en 20 minutos?

Escriba 5 palabras del **Puzzle 9**

Palabras	Antónimo 1	Antónimo 2

Escriba 5 palabras del **Puzzle 17**

Palabras	Antónimo 1	Antónimo 2

Escriba 5 palabras del **Puzzle 25**

Palabras	Antónimo 1	Antónimo 2

Reto n°3

¡Genial! Este desafío final no es nada para ti.

¿Preparado para el reto final? Elige 10 palabras que hayas descubierto en los diferentes rompecabezas y escríbelas a continuación.

1.	6.
2.	7.
3.	8.
4.	9.
5.	10.

Ahora escribe un texto pensando en una persona, un animal o un lugar que te guste.

Puedes usar la última página de este libro como borrador.

Tu Composición:

CUADERNO DE NOTAS :

HASTA PRONTO !

Todo el Equipo

DESCUBRA JUEGOS GRATIS

GO

↓

BESTACTIVITYBOOKS.COM/FREEGAMES